BEERE BLATT SCHERE

Für meine beiden
Mücken!

Karoline Lawson

BEERE BLATT SCHERE

Basteln im Herbstwald

at VERLAG

Inhalt

DER WALD RUFT!

Der Wind rauscht durch die goldenen Baumkronen, dichter Nebel liegt über dem grünen Moos, und glänzende Pilze hüpfen aus dem Waldboden – der Herbst legt dem Wald seinen bunten Mantel um. Dann wird es still zwischen den mächtigen Baumstämmen, und man könnte meinen, es gibt nicht viel zu entdecken. Dabei könnt ihr – kleine Forscherinnen und Forscher – im schlummernden Herbstwald wunderschöne Schätze finden.

Denn im Herbst reifen die Samen des Waldes in verschwenderischer Fülle und Vielfalt – die Flugsamen des Bergahorns hängen an den Zweigen dicht aneinandergedrängt, und die stacheligen Schalen der Rosskastanie brechen auf und geben die glänzenden Nüsse frei. Zwischen den Dornen des Brombeerbusches verstecken sich schwarze Beeren, und von den Ästen der Fichte hängen geschuppte Zapfen. Sie alle sind Kinder des Waldes – Samen, aus denen neue Bäume und Sträucher wachsen können. Sie haben die wärmende Sonne des Sommers genutzt, um heranzuwachsen und zu reifen. In diesen Früchten des Herbstes steckt die Inspiration und das Material für eure nächste Naturbastelei.

Lauft neugierig und mit offenen Augen, Ohren und Nasen über den glänzenden Laubteppich, um diese Schätze zu finden. Könnt ihr die kleinen Bucheckern in ihren haarigen Schalen entdecken? Ist das leise Knacken ein Kiefernzapfen, der sich öffnet, oder doch ein Eichhörnchen beim Frühstück? Fahrt mit euren Händen über die dicke Rinde einer Eiche – wie alt sie wohl sein mag?

In diesem Buch findet ihr Ideen, Anregungen und illustrierte Vorlagen, um eure eigenen Kunstwerke zu erschaffen. Also füllt eure Thermoskanne mit heißem Kakao, schnürt die Winterstiefel fest und vergesst eure Wollmütze nicht – das Abenteuer beginnt!

WERKZEUGKISTE

Der Specht nutzt seinen Schnabel, das Eichhörnchen seine scharfen Zähne und das Reh seine Hufe zum Hämmern, Knacken und Scharren. Das wichtigste Werkzeug habt ihr auch immer mit dabei – eure Hände. Mit ihnen und einigen einfachen Werkzeugen könnt ihr kleine Kunstwerke erschaffen.

Seid bei der Auswahl eurer Werkzeuge und Materialien wählerisch. Mit einer hochwertigen Ausrüstung macht das Werken große Freude, und sie wird euch lange beim Basteln begleiten.

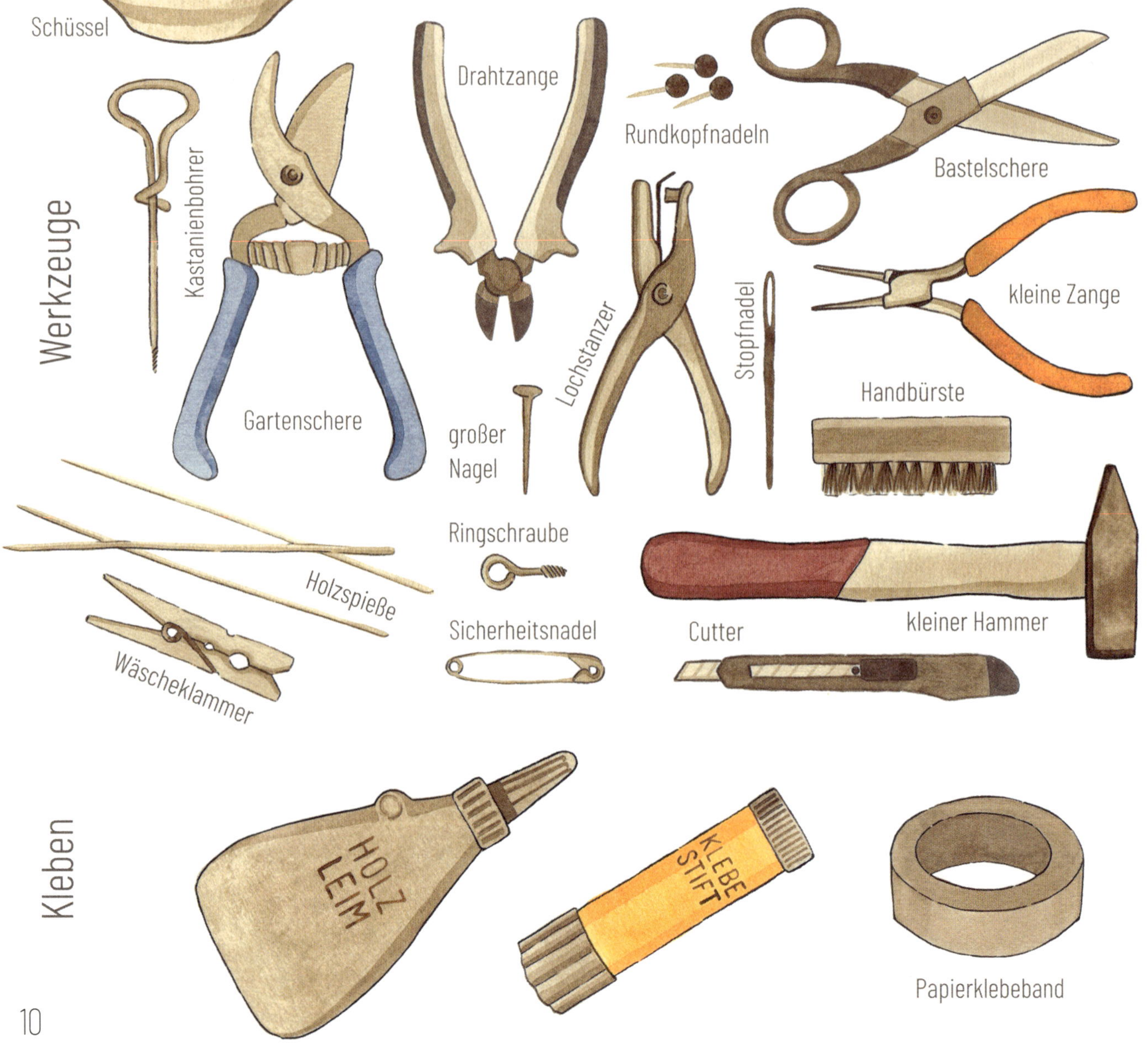

Verbinden

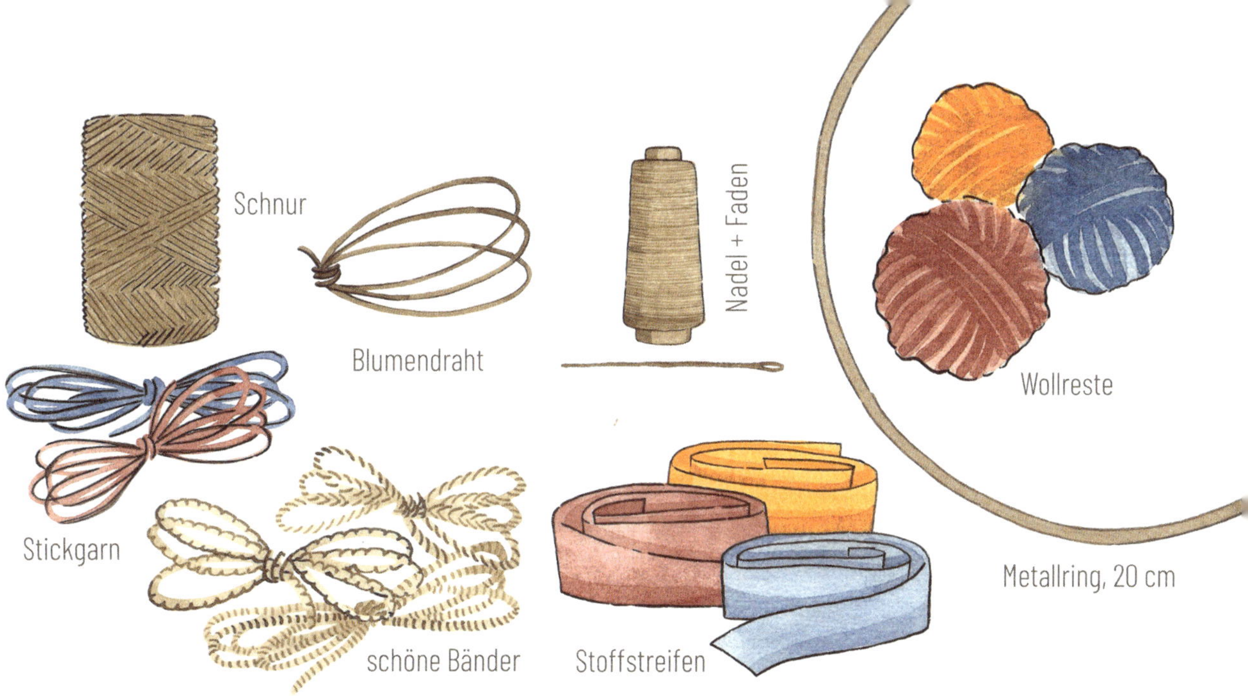

Malen

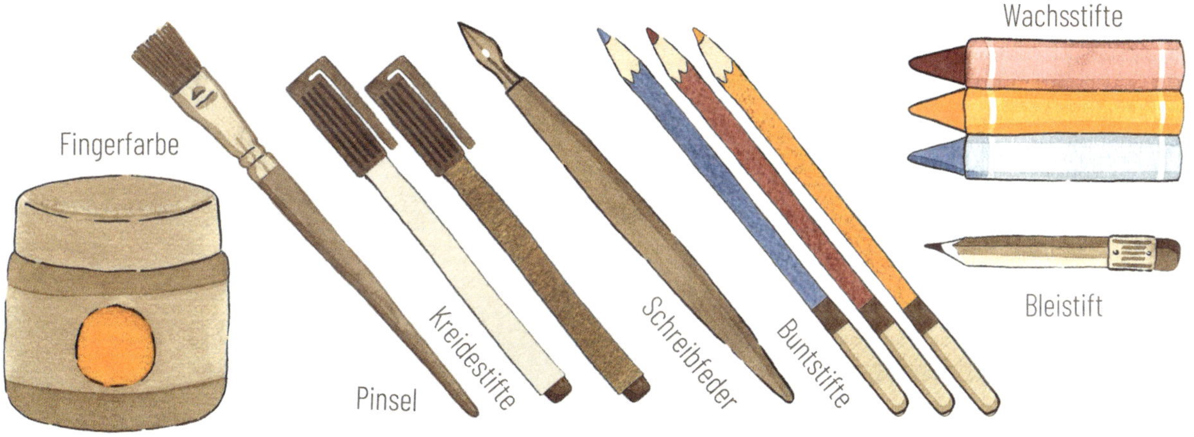

Basismaterial

SCHÄTZE SAMMELN

Das Laub kracht, steif vom ersten Frost, unter euren Schritten durch den Buchenwald. Ab und zu schaut eine Buchecker in ihrer stacheligen Schale aus den glänzenden Blättern hervor. Hebt sie auf und fahrt mit euren Fingern in die Schale hinein und fühlt, wie glatt die Eckern sind, die sich in ihr verstecken. Dann steckt sie in die Jackentasche zu euren anderen Schätzen!
Die Vielfalt von Naturmaterial im Herbst ist überwältigend und verlockend. Dennoch gibt es einige Dinge, die ihr beim Sammeln beachten müsst.

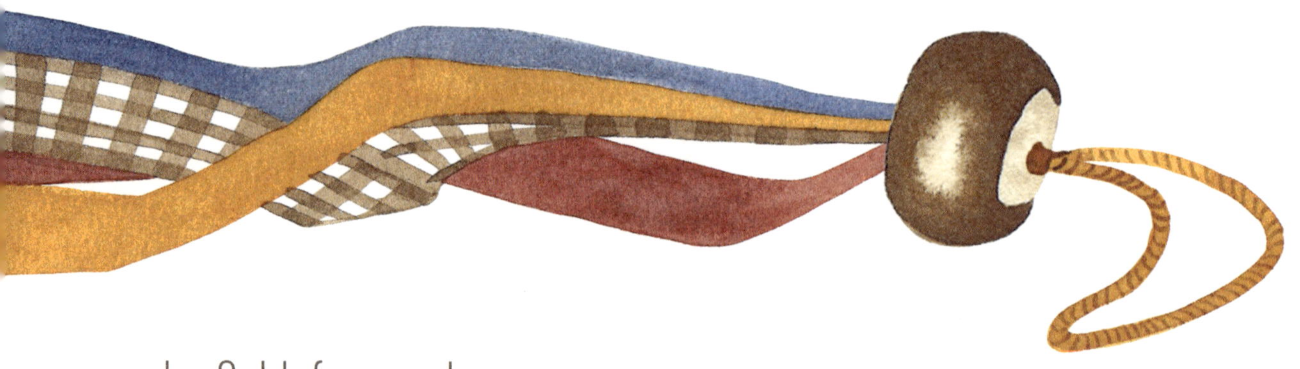

Im Schlafgewand

Im Herbst herrscht im Wald reges Treiben, denn es laufen die Vorbereitungen für den Winter. Es werden die letzten Nüsse versteckt und sichere Schlafplätze gesucht.
Denn schon im November ziehen sich die ersten Winterschläfer in ihre Nester, Baumhöhlen und Blätterbetten zurück. Auch die Vögel verstummen, denn die Brutzeit ist längst vorbei – es ist nicht mehr nötig, sich mit schönem Gesang um einen Partner zu bemühen. Stille legt sich über den Wald.
Achtet auf euren Streifzügen durch den Wald darauf, die Tiere nicht zu stören. Besonders im Winter verlieren aufgeschreckte Waldtiere bei der Flucht viel kostbare Energie. Einige Wälder stehen zum Wohle der Natur und der Tiere, die in ihr leben, unter Naturschutz.
Es sind Gebiete, in denen besonders seltene oder gefährdete Tiere und Pflanzen ungestört leben können. Diese Naturschutzgebiete sind mit Schildern gut gekennzeichnet. Dort müsst ihr darauf achten, auf den Wegen zu bleiben, um die Natur und ihre Bewohner ruhen zu lassen. Das Pflücken von Pflanzen und Sammeln von Pilzen ist nur in Wäldern gestattet, die nicht geschützt sind.

Wohlig im Wald

Ist es der erdige Geruch der nassen Blätter, die Stille zwischen den Baumriesen oder das sanfte Licht, das den Waldspaziergang zur Wohltat macht? Anders als auf einer schönen Blumenwiese oder einem weißen Sandstrand umhüllt uns im Wald die Natur komplett – vom moosigen Waldboden über die Sträucher, die mächtigen Stämme und schließlich das Blätterdach der Bäume. Die ruhige und friedliche Stimmung kann uns helfen zu entspannen und beruhigt unsere Gedanken. Denn im Wald geschieht alles gemächlich, und das können wir spüren. Aufmerksam lauschen wir dem Rauschen der Blätter, suchen zwischen den Baumstämmen nach Tieren und riechen sofort, wenn Pilze in der Nähe sind.

Im Wald lässt es sich tief in die Geheimnisse der Natur schauen. Habt ihr schon einmal eine ganze Baumfamilie gesehen? Dann sucht einmal am Fuße einer alten Eiche nach einer Eichel, die schon gekeimt und die ersten zarten Blätter entfaltet hat. Die etwas älteren Sprösslinge ragen mit zarten Stämmchen und einer Handvoll Blättern aus dem Waldboden hervor. Ganz in der Nähe steht eine Gruppe ihrer großen Brüder und Schwestern – es sind junge Eichen, die vielleicht nicht viel größer sind als ihr selbst.

Doch auch auf einen Baum klettern, einen Hügel herunterrollen oder den Waldweg entlangflitzen macht uns glücklich. Im Wald braucht ihr keine Holzbausteine, kein Malbuch oder Papierflieger – denn ihr seid gestrandete Piloten, die sich durch den dichten Dschungel kämpfen. Egal, wie wir unsere Zeit im Wald verbringen – oft kommen wir fröhlicher und entspannter aus ihm heraus, als wir hineingegangen sind.

Die Suppenküche

Die Schätze der Natur liegen uns im Herbst regelrecht zu Füßen. Doch ist es wichtig, nur wenige von ihnen zu sammeln. Denn besonders vor Wintereinbruch sind die Tiere des Waldes auf die Samen, Nüsse und Beeren angewiesen. Sie sind die überlebenswichtige Nahrung, mit der sie sich eine Vorratskammer anlegen und eine schützende Fettschicht anfuttern. Findet ihr eine eingegrabene Eichel oder Kastanie, dann lasst sie lieber liegen – sicher gehört sie dem Eichhörnchen oder einem Eichelhäher. Grünfink, Blaumeise und Rotkehlchen könnt ihr mit Samen und Körnern in einem hübschen Vogelhaus unterstützen. Von dort aus lassen sie sich auch hervorragend beobachten.

Herbarium

Damit du dir die Bäume und Sträucher des Waldes gut merkst, kannst du dir ein Herbarium anlegen. Das ist eine Sammlung von den Pflanzen des Waldes, die du selbst entdeckt und bestimmt hast. Suche dir dafür von jedem Baum ein schönes Blatt und presse es zwischen Zeitungspapier in einem dicken Buch. Nach ein paar Tagen ist das Blatt getrocknet, und du kannst es mit einem Klebestift auf ein weißes Blatt Papier kleben. Ist es das fingerförmige Blatt einer Rosskastanie oder das herzförmige der Winterlinde? Schreibe den Namen des Baumes mit einem Buntstift neben das Blatt. Nun malst du noch die Frucht mit Buntstiften daneben. Deine Blättersammlung legst du in einen Hefter und immer, wenn du einen neuen Baum entdeckst, kannst du dein Baumherbarium erweitern.

Furchtlose Sammler

Dort eine leuchtende Beere, hier eine hübsche Blüte und erst der glänzend runde Pilz, der aus dem Moos hervorschaut – jede Entdeckung im Herbstwald ist aufregend. Doch müsst ihr euch sicher sein, dass nichts giftig ist. Einige Pflanzen schützen sich mit Giftstoffen davor, aufgefressen zu werden. Wieder andere sind nur für Tiere genießbar. Besonders bei Beeren und Pilzen solltet ihr euch vergewissern, dass ihr sie anfassen dürft. Bittet einen Erwachsenen, euch bei der Bestimmung zu helfen. Wenn ihr euch unsicher seid, ist es sinnvoll, das Fundstück in einem Pflanzenbestimmungsbuch nachzuschlagen.

Der Ausflug

Die Pflanzen und Tiere des Waldes freuen sich über den letzten warmen Sonnenschein. Euch geht es genauso – an einem schönen Herbsttag lockt euch die Sonne in die Natur. Feste und warme Schuhe sind für Wanderungen über Stock und Stein am besten geeignet. Die Wettergötter sind im Herbst besonders launisch, und ihr müsst auf sie vorbereitet sein. Damit ihr das Abenteuer im Wald nicht unterbrechen müsst, wenn euch ein Regenschauer überrascht, packt eine Regenjacke ein. Ein bemooster Kletterbaum lädt euch ein, ihn zu erklimmen – tragt lieber nicht eure Lieblingshose. Frische Luft, Rumtollen und Schätze sammeln, das macht hungrig. Setzt euch auf einen großen Ast oder sucht nach einem gemütlichen Baumstumpf, um Rast zu machen. Mit Broten, Obst und heißem Kakao könnt ihr euch stärken, bevor der Ausflug weitergeht.

SCHATZKISTE

Der Herbstwald beschenkt den aufmerksamen Wanderer mit wunderschönen Fundstücken in verschiedenen Formen, Farben und Materialien – jedes ist ein Unikat. Denn obwohl sie auf den ersten Blick gleich scheinen, unterscheidet sich jede Eichel von der nächsten. Die meisten Schätze findet ihr auf dem feuchten Waldboden. Um mit den Naturmaterialien basteln zu können, müssen sie jedoch trocken und sauber sein. Das gelingt euch am Küchentisch mit ein paar Tipps und simplem Werkzeug.

Reinigen

Einige Materialien sind bereits gleich beim Sammeln zum Weiterbasteln bereit, andere wiederum müsst ihr zunächst reinigen und trocknen. Besonders hölzerne Fundstücke wie Zapfen, Nüsse und Rinde solltet ihr gut nach kleinen Kriechern untersuchen, bevor ihr sie mitnehmt. Die vielfüßigen Kerle bleiben lieber im Wald, und als Mitbewohner sind sie auch äußerst ungeeignet. Bevor ihr eure Schätze reinigt, lasst sie an einem warmen und geschützten Ort, wie dem Fensterbrett, gut trocknen. Eine kleine Handbürste oder eure alte Zahnbürste sind hervorragend dafür geeignet, getrocknete Erde aus den Tannenzapfen herauszubürsten. Wenn gesammelte Blätter etwas schmutzig sind, könnt ihr sie vorher in einer Schüssel mit warmem Wasser waschen. Tupft sie vor dem Pressen mit einem alten Geschirrtuch vorsichtig trocken.

Pressen

Wenn ihr einen bunten Blätterstrauß gesammelt habt und mit den einzelnen Blättern gern basteln möchtet, müsst ihr sie vorher gut trocknen und pressen. Legt sie dafür zwischen ein paar Seiten alter Zeitung und beschwert diese mit dicken Büchern. Nach ein paar Tagen hat das Zeitungspapier die Feuchtigkeit aufgesogen, und die Blätter sind trocken genug, um sie zu bemalen oder mit ihnen zu kleben.

Aufbewahren

Die Schätze aus euren Jackentaschen müssen gut aufbewahrt werden, damit ihr mit ihnen recht lange werken könnt. Naturmaterialien wie Nüsse und größere Samen speichern Feuchtigkeit und können schimmeln, wenn sie luftdicht gelagert werden. Pappschachteln eignen sich am besten, denn sie sind luftdurchlässig und schützen eure Schätze vor Staub. Das Gestalten mit Naturmaterial macht zudem am meisten Spaß, wenn der Fundus gut sortiert ist. Bewahrt also eure Eicheln, Ahornsamen und Blätter in separaten Schachteln auf und beschriftet sie.

SAMMELKORB

Die Natur hat im Sommer hart an ihren Früchten gearbeitet. Die Laubbäume, die im Frühjahr blühten, haben ihre Früchte, Nüsse und Samen reifen lassen. Sie sind nun bereit, ihre Baumkinder in den Wald hinauszuschicken. Auch auf der Wiese ist es still geworden. Die Insekten sind verstummt, und die Säugetiere haben sich in ihre Winterquartiere zurückgezogen. Die Blütenpracht des Sommers ist lange verblasst, und aus ihnen sind nun zarte Samenstände, gefüllt mit Samen, geworden. Nur die im Herbst reifenden Früchte leuchten rot und violett aus dem Dickicht der Sträucher und Bäume. In den drei Monaten des

1. Mondviole
2. Schneeheide
3. Lampionblume
4. Strohblume
5. Wilde Karde
6. Wiesenkerbel
7. Distel
8. Fichtenzapfen
9. Kiefernzapfen
10. Lärche
11. Rotbuche

Herbstes – September, Oktober und November – reifen diese Schätze zu unterschiedlichen Zeiten. Im September könnt ihr euren Sammelkorb mit Brombeeren, Holunder, Rosskastanien und den Samenständen der Wiese füllen. Sammelt Vogelbeeren, Eicheln, Bucheckern und Walnüsse an einem trockenen Tag im Oktober oder November. Mit den Tannenzapfen könnt ihr euch ein wenig mehr Zeit lassen, denn sie bestehen ganz aus Holz. Ihr findet sie auch im Winter noch unter Nadelbäumen. Die herrlich bunten Blätter der Laubbäume fallen zu unterschiedlichen Zeiten – ihr sammelt sie so, wie sie euch vor die Füße fallen.

12. Schwarzerle
13. Platane
14. Bergahorn
15. Stieleiche
16. Walnuss
17. Esche
18. Rosskastanie
19. Vogelbeere
20. Schwarzer Holunder
21. Brombeeren
22. Hundsrose

WALDRAND

Die Gestalt von Samen hängt davon ab, wie sie verbreitet werden – durch Tiere, den Wind oder das Wasser.

Blumensamen sind klein, leicht und bilden sich geschützt im Inneren der Blüte. Wenn die Blume verblüht ist, trocknen die Winzlinge in ihren Samenkapseln. Dann fallen sie zu Boden oder werden vom Wind verteilt. Den Winter verbringt der Samen sicher in der Erde versteckt. Mit der warmen Frühlingssonne und etwas Regen erwacht der Samen und beginnt zu keimen – eine neue Blume entsteht.

Wiesenalphabet

»H« wie Heide, »L« wie Lampionblume und »W« wie Wilde Karde – wie viele Blumen und Gräser kennt ihr? Getrocknete Blüten sind zart und zerbrechlich. Ihr braucht für eine Bastelarbeit mit ihnen etwas Geduld und eine ruhige Hand. Füllt euren Sammelkorb mit getrocknetem Naturmaterial auf dem nächsten Herbstspaziergang – ihr werdet sehen, dass sich auf der braun anmutenden Wiese viele schöne Schätze verstecken.

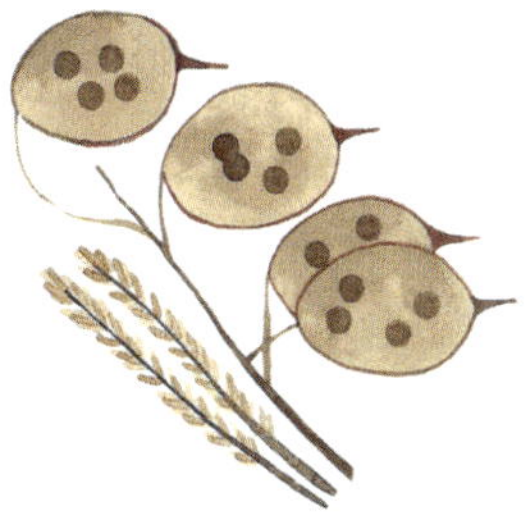

getrocknete Blüten + Gräser

Bastelkarton DIN A3

1 Legt euch zuerst getrocknete Blüten und Gräser zurecht.

2 Kopiert die Vorlage auf den Bastelkarton in DIN A3 – das sind ca. 150% Vergrößerung.

3 Buchstabe für Buchstabe tragt ihr nun etwas Holzleim entlang der Buchstabenlinie auf und legt die Blüten und Gräser auf. Arbeitet von links nach rechts und von oben nach unten. Lasst das fertige Werk gut trocknen, bevor ihr es aufhängt.

Der Mondschwan

Der Schwan gleitet, den elegant geschwungenen Hals stolz in den Himmel gestreckt, lautlos über den See. Ab und zu steckt er den Kopf ins kalte Wasser, um am Boden nach kleinen Wasserpflanzen und Algen zu gründeln. Er verbringt den Winter jedoch nicht allein. Hat sich ein Schwanenpaar im Frühling gefunden, bleiben sie meist ein Leben lang zusammen. So zauberhaft wie der Schwan ist der Samen der Mondviole. Silbrig schimmernd steht sie im Herbst am Waldrand – wie Schwanenfedern im Mondlicht.

Mondviole + Gräser

Bastelpapier

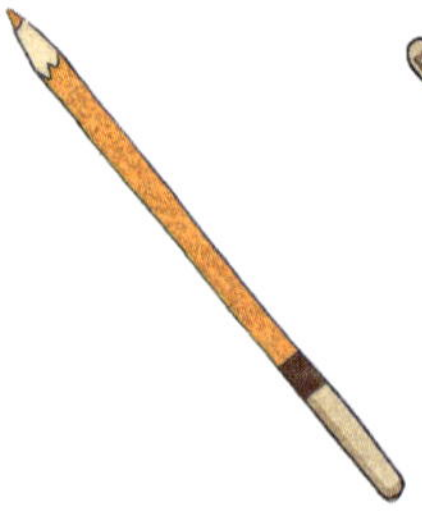

Buntstift, orange

1 Trennt zuerst das silbrige Blatt von der Samenschote. Die etwas kräftigeren Blätter, die das Silberblatt schützen, sind auch wunderschön. Ihr könnt sie ebenso für diese Bastelei verwenden.

2 Kopiert die Vorlage auf Bastelpapier und malt den Schnabel des kopierten Schwans mit einem orangefarbenen Buntstift aus.

3 Tupft etwas Holzleim auf das Federkleid des Schwans und klebt dort die Samen der Mondviole an. Wenn ihr möchtet, könnt ihr auch getrocknete Gräser hinzunehmen.

Winterelfen

Ob Wald, Feld oder Wiese – überall in der Natur wohnen gute Geister, die über sie wachen. Man erzählt sich von jeher, dass Elfen über die schlafende Natur und ihre Kreaturen wachen. Irgendwo am Waldrand hilft vielleicht ein kleiner Elf gerade der Haselmaus, ihr Winterbett mit Stroh auszulegen. Auf einer Wiese schüttelt eben eine Elfe die Samen aus den getrockneten Blüten, damit im Frühjahr neue Blumen wachsen können. Was erleben eure Wiesenelfen an einem sonnigen Herbstmorgen?

Bastelpapier Buntstifte Bastelschere Cutter getrocknete Blüten + Gräser

1 Bemalt die kopierten Winterfeen mit Buntstiften und schneidet sie aus.

2 Ritzt mit dem Cutter einen kleinen Einschnitt zwischen die Hände der Winterelfen und gebt ihnen ein kleines getrocknetes Blümchen in die Hand. Mit etwas Holzleim klebt ihr die Blümchen fest.

3 Nun verleiht ihr euren Elfen noch Flügel – dazu könnt ihr die Mondviole oder ein anderes Naturmaterial, das euch an Flügel erinnert, verwenden. Klebt die Flügel gut mit dem Holzleim an.

Samensammler

Nach einem langen Winter freuen wir uns darauf, dass die Natur erwacht und ihr buntes Farbenkleid anlegt. Die Samen für eine prächtige Blumenwiese sammelt ihr bereits im frühen Herbst, wenn die letzten Blumen verblühen. Schneidet dazu die reifen und getrockneten Samenstände an einem sonnigen und windstillen Tag ab. Zu Hause schüttelt ihr die Samen aus den Kapseln heraus und sortiert sie in Sammeltütchen. Wenn im Frühjahr die Sonne mit ihren wärmenden Strahlen wieder kräftiger scheint, könnt ihr die Samen aussäen und den Tisch für Bienen und Hummeln reich decken.

Bastelkarton Bastelschere Buntstifte Blumensamen

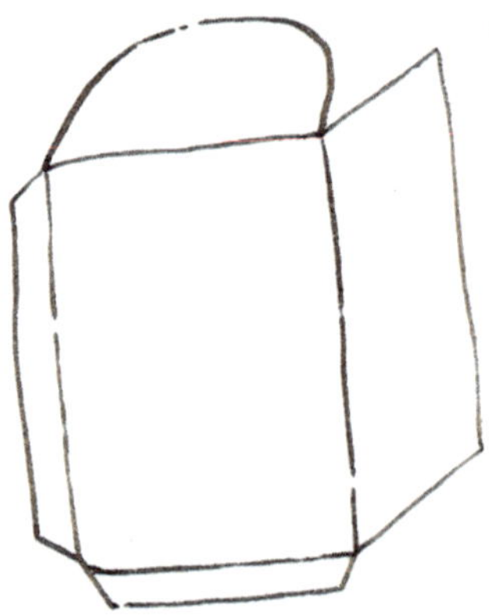

1 Schneidet die auf Bastelpapier kopierte Vorlage entlang der Außenlinie aus und faltet sie entlang allen Linien nach innen.

2 Tupft etwas Klebestift auf jede Lasche und drückt den Umschlag dann zusammen, bis kleine Tütchen entstehen.

3 Nun tragt ihr den Namen und Fundort eurer Samen ein und befüllt sie. Verschließt die Tüten gut, damit die Samen nicht herausfallen können.

BLUMEN SAMEN
MONDVIOLE
NAME
LANDESKRONE
FUNDORT

DIE HUMMELKÖNIGIN

Oft hört ihr das markante Summen der Hummel, bevor ihr sie entdeckt. Die junge Hummelkönigin des Erdhummelvolkes ist im Spätsommer eifrig damit beschäftigt, sich einen Wintervorrat aus Pollen und Nektar anzufuttern. Denn anders als bei den Honigbienen stirbt das gesamte Hummelvolk im Herbst, und nur die Hummelkönigin überwintert. Dazu sucht sie sich ein sicheres Winterquartier für ihre Winterruhe. Die verlassene Mäusehöhle kommt ihr da

gerade recht. Sie verstopft den Eingang mit Pflanzenresten und Erde. Dort schlummert die pelzige Eisprinzessin gemütlich, bis sie im März erwacht. Dann verlässt die hungrige Hummelkönigin ihren Winterpalast. Noch etwas geschwächt, taumelt sie durch die Lüfte und beginnt sich an den ersten Blüten des Frühlings zu stärken. Auch die warme Sonne gibt ihr die Kraft, an einem geschützten Ort im weichen Boden das nächste Hummelvolk zu gründen.

Der Weihnachtsstern

An einem klaren Winterabend, wenn die Sonne schon am späten Nachmittag untergeht, könnt ihr den einen oder anderen Stern am Himmel entdecken. Einige leuchten so hell, als würden sie mit ihrem Funkeln um eure Aufmerksamkeit ringen, während ihr andere erst beim zweiten Blick erspäht. Euer selbst gestalteter Stern, bestückt mit »Strahlen« aus getrockneten Blumen, leuchtet ganz oben auf eurem Weihnachtsbaum zu Heiligabend.

Bastelkarton   Bastelschere   getrocknete Blumen + Gräser   Papierklebeband

1 Schneidet die kopierte Vorlage entlang der Außenlinie aus.

2 Legt acht kleine Sträuße aus getrockneten Blumen zurecht. Sie können alle gleich oder auch ganz unterschiedlich sein – wie es euch gefällt.

3 Mit etwas Papierklebeband befestigt ihr die Sträuße, einer nach dem anderen, zwischen den Zacken des Sterns.

4 Verteilt nun etwas Holzleim an der äußeren Kante des Kreises und klebt ihn auf die Rückseite des Sterns.

5 Befestigt den kleinen Papierstreifen mit etwas Holzleim. Nun könnt ihr die Schlaufe über die Tannenspitze stülpen.

Irrlichter

In den alten Geschichten erzählte man sich von Naturgeistern, die in Mooren und Wäldern ihr Unwesen treiben. Manche locken Reisende mit Irrlichtern vom Weg ab, bis sie sich schließlich verirren. Andere jedoch führen den Abenteurer mit ihren hellen Flammen aus dem dunklen Wald heraus. Mit etwas Ton, getrockneten Blumen und einer schönen Kerze könnt ihr eure eigenen Irrlichter formen. Sie werden euch an einem düsteren Herbstabend ein warmes Licht in die Stube zaubern.

Naturton

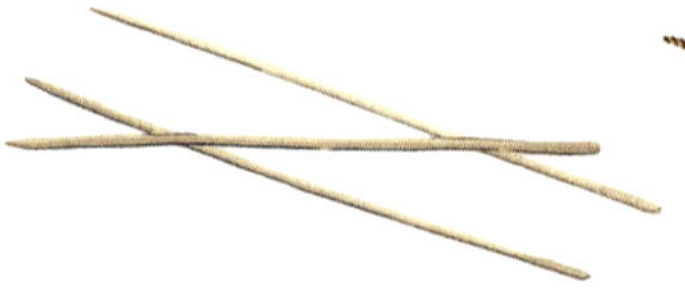

Holzspieße

kleine Kerze

getrocknete Blumen + Gläser

Naturton findet ihr dort, wo es Wasser gibt – an Flüssen, Seen und Bächen. Wenn ihr mit einer kleinen Schaufel an einer Stelle entlang des Ufers grabt, werdet ihr schnell fündig. Um den Ton zur Verarbeitung vorzubereiten, müsst ihr ihn zunächst reinigen. Dazu benetzt ihr ihn mit etwas Wasser und drückt ihn auf dem Küchentisch wie einen Teig flach aus. Sammelt nun alle kleinen Steinchen, Blätter und Stöckchen heraus. Aus dem gereinigten Ton formt ihr eine Kugel, die nun, eingewickelt in eine Plastiktüte, kühl und trocken aufbewahrt werden kann.

1 Aus dem Ton formt ihr eine faustgroße Kugel.

2 Mit den Daumen drückt ihr die Kugel so ein, dass zwei Augenhöhlen entstehen. Dort hinein stecht ihr die Augen mit einem Holzstäbchen.

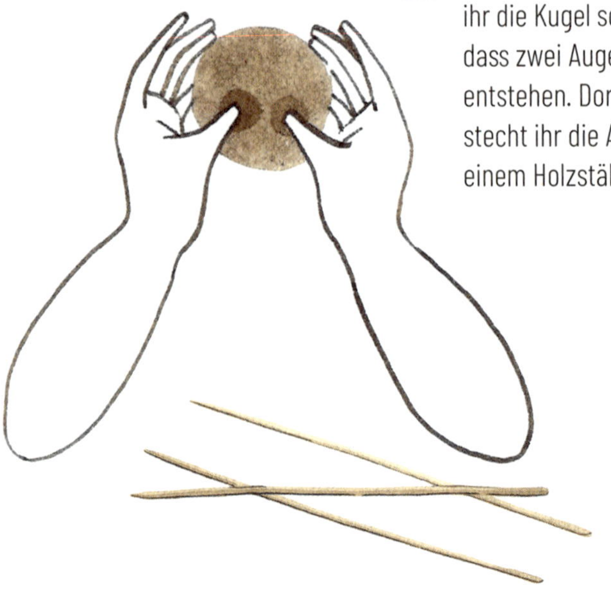

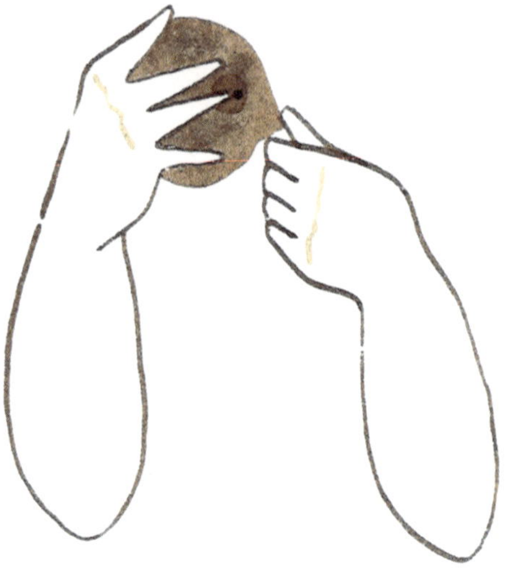

3 Mit euren Fingern formt ihr nun eine hübsche Nase und dreht dann die Kerze vorsichtig oben in den Kopf hinein.

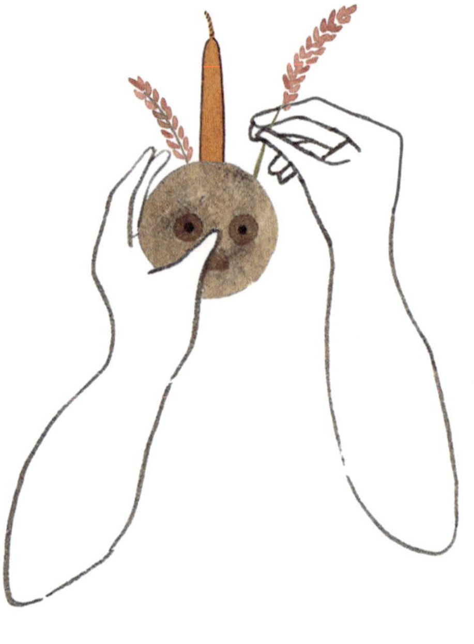

4 Zum Schluss steckt ihr getrocknete Blumen tief in den Kopf – achtet darauf, dass sie von der Kerze wegzeigen. Nach ca. 24 Stunden ist der Ton getrocknet, und ihr könnt euer Irrlicht anzünden.

Stellt das Irrlicht stets auf eine nicht brennbare Unterfläche, zum Beispiel einen kleinen Teller.

Wiesengeister

Während es im Herbst auf der Wiese still wird, herrscht unter der Erde rege Geschäftigkeit. Gehörnte Gestalten mit dünnen Beinen und dicken Bäuchen huschen durch die verlassenen Tunnel des Maulwurfs – wer weiß schon, was sich zwischen vertrockneten Grashalmen und unter Hecken versteckt. Was meint ihr? Denkt euch lustige Wiesengeister aus, die im Winter auf der verlassenen Wiese und unter der Erde ihre Feste feiern.

Naturton · Holzspieße · getrocknete Blumen + Gräser · Blumendraht · Drahtzange · Faden

1 Um eure Wiesengeister zum Leben zu erwecken, bringt eine etwa walnussgroße Tonkugel in die Form einer Bohne.

2 Mit einem Holzstäbchen stecht ihr links und rechts kleine Augen in den Ton ein.

3 Gebt den Geistern Beine aus getrockneten Blumenstängeln und Schwänze und Ohren aus getrockneten Blumen.

4 Wenn ihr sie aufhängen möchtet, biegt ein 2 cm langes Stück Draht in die Hälfte und steckt es in den Rücken des Wiesengeistes. Nach 24 Stunden ist alles getrocknet, und ihr könnt sie an einem Faden in eurem Zimmer aufhängen.

Kugelvasen

Wer hätte gedacht, dass ihr im Herbst noch einen hübschen Blumenstrauß pflücken könnt. Ihr müsst ein wenig genauer hinschauen, denn die bunte Blütenpracht des Sommers ist längst verblüht. Auf den ersten Blick erscheint euch die Wiese braun und farblos, doch könnt ihr die zart anmutenden Samenstände von Wiesenblumen, Gräsern und kleinen Stauden finden. Wie sieht wohl die Ringelblume in ihrem Herbstmantel aus – könnt ihr sie erkennen?

Holzkugeln · Holzbausteine · Kreidestifte · getrocknete Blumen + Gräser

1 Malt die Holzkugeln und die Holzbausteine mit Kreidestiften an – ganz wie es euch gefällt.

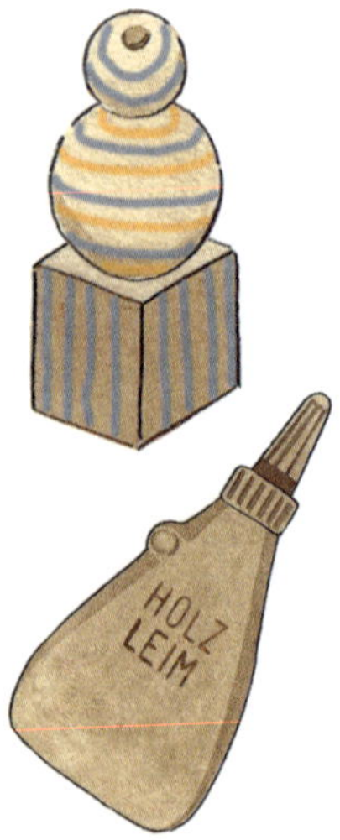

2 Wenn die Farbe getrocknet ist, klebt die Kugeln und Blöcke mit Holzleim zu kleinen Türmen zusammen. Wählt als Basis einen Holzbaustein, damit die Vase sicher steht. Achtet darauf, dass die Löcher der Kugeln direkt übereinanderliegen, damit ihr die Blumen möglichst tief hineinstecken könnt.

3 Nun könnt ihr eure Kugelvasen mit getrockneten Blumen und Gräsern dekorieren und auf euren Schreibtisch stellen oder einem lieben Menschen schenken.

BLÄTTER

Knospen bilden sich an Pflanzen, die den Winter überdauern. Zu ihnen gehören Bäume und Sträucher. Gut geschützt haben die jungen Sprossen den Winter in ihren Knospen überdauert. Nach der Kälte und Dunkelheit beginnen die Knospen, im Frühjahr zu sprießen. In ihnen stecken bereits die jungen Blätter und Blüten, die sich nun schnell entfalten. Bei den meisten Laubbäumen treiben zuerst die zarten Blätter, etwas später die Blüten aus den Zweigen. Kaum zu glauben, dass in den nächsten Wochen aus ihnen ein dichtes Blätterdach wachsen wird.

Blätterkrone

Mit lautem Röhren verkündet der König des Waldes seine Ankunft – es ist der Hirsch. Sein prächtiges Winterfell ist dichter und länger als im Sommer. So können der kalte Wind und der nasse Schnee nicht bis auf die Haut durchdringen. Hirsche futtern sich an langen Sommertagen an frischem Gras eine dicke Fettschicht an, die zusätzlich Wärme spendet. Eingekuschelt in dicke Jacken, streift ihr mit der Blätterkrone auf dem Haupt durch den Herbstwald, denn heute seid ihr die Könige und Königinnen des Waldes.

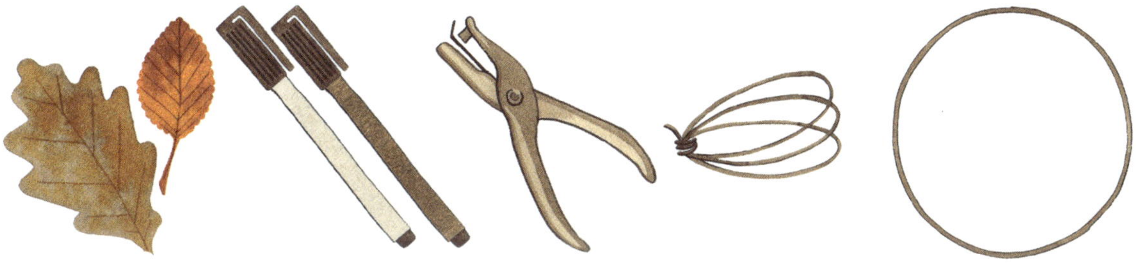

Herbstblätter | Kreidestifte | Lochstanzer | Blumendraht | Metallring, 20 cm

1 Sammelt ein paar Handvoll schöne bunte Herbstblätter – ihr braucht für einen Kranz ungefähr so viele, wie in eine Salatschüssel passen.

2 Bemalt die Blätter in euren Lieblingsfarben mit Kreidestiften. Mit einem Lochstanzer könnt ihr dann noch lustige Löcher hineinstanzen.

3 Befestigt nun je drei bis vier Blätter auf einmal mit Blumendraht entlang des Metallrings, bis er komplett mit Blättern bedeckt ist.

Ihr könnt euren Kranz als Kopfschmuck tragen oder an der Haustür zur Begrüßung eurer Gäste aufhängen.

Wilma
Anton

Die Regentrude

Schon seit Urzeiten erzählen sich die Menschen Geschichten von Naturgöttern, die es mit der Bitte für reiche Ernten und günstige Witterung bei Laune zu halten gilt. Eine dieser Naturgottheiten ist die Regentrude, die eines Tages einfach einschlief. Als ihr lebensbringendes Wasser ausblieb, vertrocknete das Land. Zwei mutige Kinder machten sich auf den Weg in die Unterwelt und weckten sie mit einem Lied. Als sie aus ihrem Schlummer erwachte, kehrte der Regen zurück. Besonders im Herbst scheint sich die Regentrude zusammen mit den Windriesen noch einmal richtig auszutoben.

Bastelpapier Buntstifte Kreidestift Bastelschere Herbstblätter Wäscheklammern

1 Bemalt die kopierte Vorlage mit euren Lieblingsfarben. Schreibt den Namen eures Gastes auf ein großes Blatt mit dem Kreidestift.

2 Nun schneidet ihr die Vorlage entlang der Außenlinie aus und schneidet sie entlang der hier rot markierten Linie ein.

3 Beklebt das Kleid der Regentrude mit getrockneten kleinen Blättern.

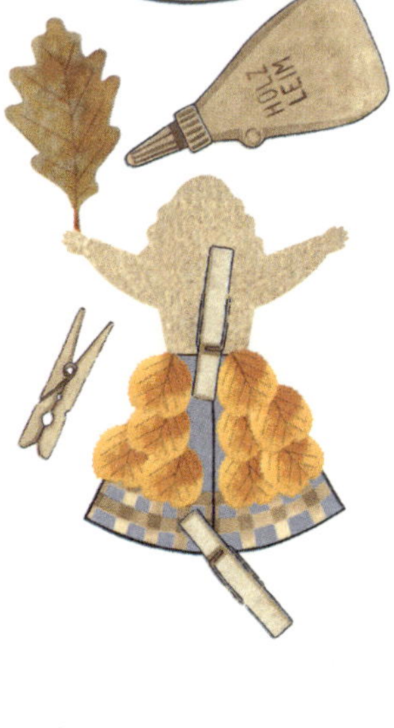

4 Klebt den Rock der Regentrude an der Lasche mit Holzleim zusammen und befestigt die Stelle mit Wäscheklammern, bis sie getrocknet ist. Das große Blatt mit dem Namen klebt ihr an ihre Hand.

Waldtagebuch

Mit erfrischend kalter Luft, raschelndem Laub und fliegenden Blättern lockt uns der Herbst in den Wald. Das bunte Blätterdach hat nun große Lücken, und die letzten warmen Sonnenstrahlen finden ihren Weg auf den Waldboden. Dort flitzen hundert kleine Spinnen umher auf der Suche nach einem geeigneten Versteck, in dem sie den Winter verschlafen können. Trommelnd fallen Eicheln, Kastanien und Buchecker am Stamm entlang auf das Laub. Der Wald macht sich für die kalte Jahreszeit bereit, und ihr könnt auf einem Spaziergang allerhand Schönes entdecken und sammeln.

Unterlagekarton Naturmaterial Lochstanzer schönes Band

1 Auf dem Unterlagekarton arrangiert ihr zunächst eure gesammelten Schätze. Ob nach Art, Form oder Farben – ihr könnt sie sortieren, wie ihr möchtet.

2 Wenn ihr mit dem Entwurf zufrieden seid, klebt ihr die Naturmaterialien, eins nach dem anderen, mit Holzleim fest.

3 Stanzt mit dem Lochstanzer ein Loch in jede der oberen Ecken und fädelt ein schönes Band hindurch. Nun könnt ihr euer Kunstwerk an der Wand aufhängen.

Blättervögel

Im Winter reisen Storch, Kuckuck und Nachtigall zu ihren Winterresidenzen in den warmen Süden. Denn es ist nicht nur die Kälte, die es auszustehen gilt. Auch der reich gedeckte Tisch des Sommers verschwindet unter Schnee und Frost. Es gibt aber tapfere kleine Vögel, die es sich auch in der kalten Jahreszeit bei uns gemütlich machen. Kohlmeise, Rotkehlchen und Buchfink haben sich im Sommer eine wärmende Fettschicht angefuttert. Auch ihr dichtes Federkleid, das sie aufplustern, sorgt für ausreichend Wärme in kalten Winternächten. Bastelt euch eine kleine Schar Vögel, die auf einem schönen Zweig in eurem Zimmer überwintern können.

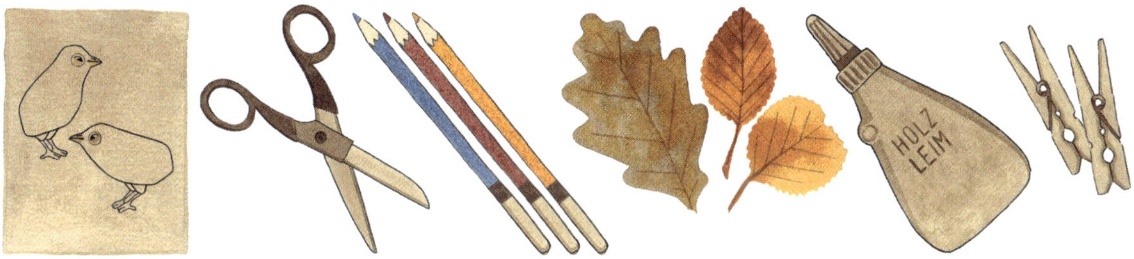

Bastelkarton Bastelschere Buntstifte Herbstblätter Wäscheklammern

1 Schneidet die kopierte Vorlage entlang der Außenlinie aus und bemalt sie mit euren Lieblingsstiften.

2 Sucht in eurem Fundus getrocknete Blätter heraus, die wie Flügel aussehen. Klebt sie mit etwas Holzleim an den Vögeln fest.

3 Befestigt die Wäscheklammern auf der Rückseite der Vögel mit etwas Holzleim und lasst sie gut trocknen.

Nun könnt ihr die Vögel an einem schönen Zweig befestigen.

BUCHENKINDER

Dass aus der kleinen Buchecker in eurer Hosentasche eine mächtige Buche wachsen kann, ist schwer vorzustellen. Alles beginnt im Herbst, wenn die reifen Eckern zu Tausenden auf den Waldboden fallen. Die allermeisten von ihnen werden von Waldtieren gefressen oder gelangen an Orte, an denen sie nicht keimen können. Die Handvoll Bucheckern, die übrig geblieben ist, wird von der Frühlingssonne zum Leben erweckt. Dann beginnt der Samen zu wachsen und platzt schließlich aus der hölzernen Samenhülle heraus – eine neue Pflanze ist geboren.

Eine kleine Keimwurzel wächst in den Boden und nimmt die ersten wichtigen Nährstoffe und Mineralien auf. Der strahlende Sonnenschein hilft dem Baumjüngling, sich rasch zu entwickeln. Nach einigen Wochen bildet sich das erste Laubblatt. Es sieht bereits wie das der erwachsenen Bäume aus, und ihr könnt den Spross als Buche erkennen. In ihrem ersten Sommer wächst die kleine Buche nicht weiter.

Sie nutzt die warme Jahreszeit, um Reserven für den nahenden Winter zu speichern. Stetig wächst das Buchenkind in den nächsten Jahren heran, wenn es von Rehen und Mäusen nicht angeknabbert oder zertrampelt wird. Erst wenn ihr Stamm kräftig und ihre Wurzeln tief verankert sind, hält die Buche den meisten Gefahren stand. Nun braucht sie etwas Glück. Steht sie im Schatten größerer Bäume, bekommt sie nicht ausreichend Sonnenlicht und wächst nur sehr langsam. Sobald ein alter Baum stirbt und fällt, nutzt die junge Buche die Gelegenheit und wächst nach oben, immer der Sonne entgegen.

Rindenkerle

Ein Spaziergang im nebeligen Herbstwald kann auch schaurig schön sein. Schallend knackt ein Zweig, Äste quietschen im Wind, und Füchse bellen in der Ferne – es ist kein Wunder, dass es uns schaudert. Der geheimnisvolle Herbstwald ist Schauplatz unzähliger Geschichten von Wurzelgnomen, Hutzelmännchen und Waldgeistern. Knorpelige Rindennasen, buschige Moosbrauen und große Asthörner – wärt ihr Waldgeister, wie würdet ihr wohl aussehen?

Baumrinde Handbürste Bastelschere Naturmaterial

1 Sucht im Wald nach einem gefallenen Baumstamm und zieht ein Stück der Rinde ab. Es sollte ungefähr so groß sein wie euer Gesicht.

2 Nachdem ihr es mit einer Bürste gut gereinigt habt, schneidet ihr mit der Schere in einem Abstand von 3 cm zwei Löcher in die obere Hälfte.

3 Nun dekoriert ihr eure Maske mit »Stocknasen«, Mooshaaren, Zweighörnern und Blätterohren. Klebt alles mit Holzleim fest.

Wenn ihr eure Maske nicht gerade auf Streifzügen durch den Wald tragt, könnt ihr sie auch mit einem Band an eurer Zimmerwand aufhängen.

Adventshirsch

In manchen Geschichten wird erzählt, dass das Reh die Frau des Hirsches sei. Dabei sind sie zwei verschiedene Mitglieder der Hirschfamilie. Rehe sind Einzelgänger und ziehen nur im Winter in größeren Gruppen, von den Jägern Sprünge genannt, durch den Wald. Echte Hirsche wie der Rothirsch leben das ganze Jahr in Familienbänden auf Feld und Flur. Eine Rehfamilie besteht aus dem Rehbock, der Ricke und dem Kitz. Das Geweih dicht behangen mit kleinen Überraschungen, begleitet euch dieser Hirsch durch den Advent.

zwei Bastelkartons DIN A3 · zwei Pappkartons DIN A3 · Cutter · zwei Zweige · Bleistift · Bastelschere · Schnur

Bastelkarton DIN A4 · Schokokugeln · Seidenpapier · Streichholzschachteln · schönes Band · Stoffstreifen

1 Kopiert die Vorlage des Hirschkopfes auf den Bastelkarton in DIN A3 – das sind ca. 150 % Vergrößerung. Klebt diesen und den blanken Bastelkarton mit dem Klebestift je auf einen Pappkarton.

2 Wenn der Kleber getrocknet ist, schneidet ihr die Vorlage mit einem Cutter entlang der Außenlinie aus.

3

Dann klebt ihr den Hirschkopf auf die untere Hälfte des zweiten Bastelkartons.

4

Nun befestigt ihr das Geweih. Dazu legt ihr die beiden Geweihzweige so an, dass sie gut nebeneinanderpassen. Mit dem Bleistift markiert ihr zwei Stellen links und rechts neben dem Zweig für die Löcher. Das wiederholt ihr für den zweiten Zweig.

5

Legt die Zweige beiseite und bohrt mit der Schere die markierten Löcher. Legt den ersten Zweig wieder in Position und befestigt ihn mit der Schnur, die ihr durch die Löcher fädelt und hinten zusammenknotet. Das wiederholt ihr beim zweiten Zweig.

6

Kopiert die Zahlenvorlage in DIN A4 auf das Bastelpapier und schneidet sie aus.

7

Nun könnt ihr kleine Schokoladenkugeln in Seidenpapier verpacken und die Zahlen daran mit einem hübschen Band befestigen.

8

Zum Schluss befestigt ihr die Päckchen am Geweih und bindet dem Hirsch eine Schleife um den Hals. Dann hängt den Adventshirsch mit einem schönen Band an der Wand auf.

Das Adventskind freut sich sicher über eine etwas größere Gabe am Nikolaustag und an Heiligabend. Ihr könnt sie in einer kleinen Pappschachtel oder einer Streichholzschachtel verpacken.

Waldtiere

Mit dem Winter bricht für die Tiere des Waldes eine harte Zeit heran. Es ist kalt, nass, und die Speisekarte ist spärlich bestückt. Da bietet es sich an, den Frost und Schnee einfach zu verschlafen. Dabei gibt es den Winterschlaf, die Winterruhe und die Winterstarre. Murmeltiere und Fledermäuse schlummern in tiefem Winterschlaf und verlassen ihr Winterquartier erst im Frühling. Eichhörnchen und Dachse halten Winterruhe. Sie wachen aus einem leichten Schlaf nur auf, um sich an ihren Vorratskammern zu bedienen. Frösche, Fische und einige Insekten passen ihre Körpertemperatur der Außentemperatur an – sie verfallen in Winterstarre. Welche Waldtiere kannst du in deinem gesammelten Blätterberg entdecken?

Unterlagekarton | Cutter | Herbstblätter + Naturmaterial | Bastelschere | Wachsstifte

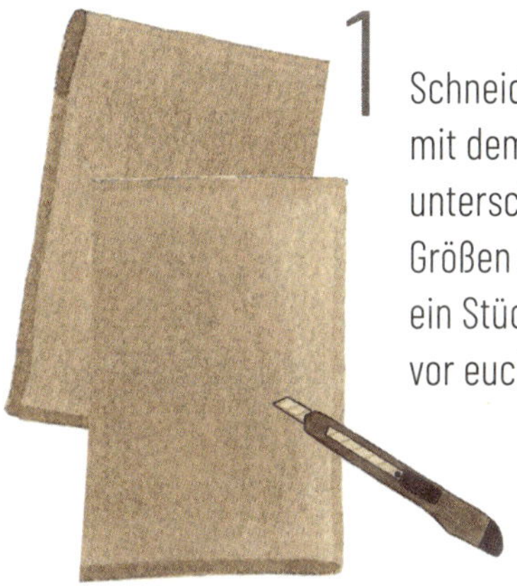

1 Schneidet den Karton mit dem Cutter in unterschiedlichen Größen zu und legt ein Stück davon vor euch.

2 Am besten überlegt ihr euch, welches Tier ihr zuerst mit Blättern gestalten möchtet. Dann sucht ihr je ein passendes Blatt für den Kopf und den Körper und legt es auf dem Karton zurecht.

3 Nun sucht ihr in eurem Fundus aus Naturmaterialien alle anderen Körperteile, die ihr braucht – Arme, Beine, Ohren, Geweihe und Schwänze. Schneidet die Blätter bei Bedarf zu und klebt alles mit Holzleim fest.

4 Mit Wachsmalstiften malt ihr die Augen, Schnurrhaare und Wiese auf Blatt und Karton.

Blättergirlande

Glatt, gesägt, gekerbt und gezähnt – wie in einem Wettbewerb um das schönste, ungewöhnlichste und funktionellste Blatt hat sich Mutter Natur immer wieder neue Blattformen einfallen lassen. Die wichtigste Aufgabe der Blätter ist es, das Sonnenlicht einzufangen. Das Laubblatt mit seiner breiten Fläche sammelt im Frühling und Sommer ausreichend Sonnenenergie und fällt im Herbst ab. Der Nadelbaum trumpft dagegen mit der Menge an Blättern – den Nadeln – auf. Sie sind viel schmaler, doch sind sie sehr viele und verbleiben das ganze Jahr am Baum. Sie nehmen auch im Winter die schwachen Sonnenstrahlen auf. Sammelt die schönsten bunten Blätter, die ihr finden könnt, und fädelt bunte Herbstgirlanden mit ihnen.

Bastelkarton Bastelschere Bastelpapier Bleistift Lochstanzer Herbstblätter Schnur

1 Kopiert die Vorlage auf Bastelkarton und schneidet sie sauber aus.

2 Nun schneidet ihr ein DIN-A4-Blatt Bastelpapier längs in der Mitte durch und faltet beide Seiten mittig der Länge nach.

3 Legt die erste Vorlage an der gefalteten Kante an und umrandet sie mit dem Bleistift. Schneidet das Blatt entlang der Linie aus und entfaltet es.

4 Mit dem Lochstanzer stanzt ihr ein Loch an den oberen Rand jedes Blattes und fädelt es zusammen mit echten Blättern auf eine schöne Schnur. Nun könnt ihr eure Girlande aufhängen.

DAS BUNTE BLÄTTERKLEID

Saftiges Grün im Frühling, sattes Grün im Sommer und bunt getupft im Herbst – Bäume wechseln mehrmals im Jahr ihre Farben, doch bleiben die Blätter dieselben.

Denn die Blätter der Bäume enthalten unterschiedliche Farbstoffe. Das Blattgrün ist die wichtigste und somit kräftigste Farbe. Sie ist dafür verantwortlich, die für den Baum lebenswichtige Energie aus Sonnenlicht, Wasser und Luft zu produzieren. Bereits die ersten jungen Blätter des Frühlings sind grün, um mit den ersten Sonnenstrahlen Energie einzufangen. Im Sommer hat die grüne Pracht ihren Höhepunkt erreicht. Das Sommerkleid der Bäume wiegt sich schwerfällig in der warmen Sommerbrise.

Im Herbst bereiten sich die Bäume auf die kürzeren Tage mit weniger Sonnenschein und auf die Kälte vor. Das Blattgrün, das die anderen Farbstoffe der Blätter bisher überdeckt hat, wird vom Baum als Erstes in den Stamm und die Wurzeln gezogen. Dort gibt es dem Baum auch im Winter noch ausreichend Lebenskraft. Die anderen Farben kommen nach und nach zum Vorschein – gelb, orange und rot leuchtet nun der Baum im Herbstgewand. Um im Winter wichtiges Wasser zu sparen, trennt sich der Baum über die Äste von seinen Blättern. Die Herbststürme pusten ihm die vertrockneten Blätter vom Leibe. Im Frühjahr kann der Baum wieder kräftige und grüne Blätter hervorbringen.

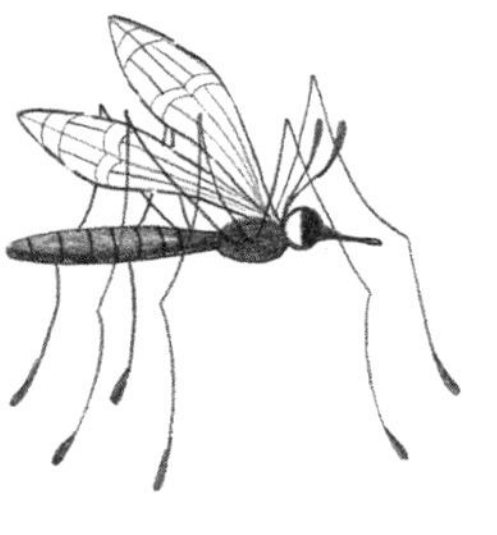

Familie Stock

Die geschäftigste Zeit der Vögel ist im Frühjahr und Sommer, denn nun wird geliebt, gebaut und gebrütet. Daher ist es verboten, in der Zeit von März bis September Bäume, Sträucher oder Hecken zu beschneiden oder sie gar zu fällen – es ist Vogelschutzzeit. Der Herbst ist also die perfekte Zeit, um auf die Suche nach Familie Stock zu gehen. Im Park, im Garten und in bewirtschafteten Wäldern werden die Bäume beschnitten, und oft findet ihr riesige Haufen von Zweigen. Schaut genau hin – könnt ihr einen Stock entdecken, der Arme, Beine und vielleicht sogar eine Nase hat?

Zweige, gegabelt Gartenschere Wollreste Bastelschere Kreidestifte

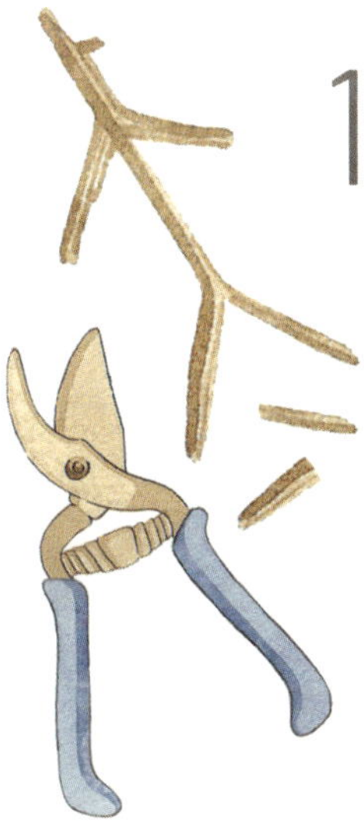

1 Schneidet den Stock mit der Gartenschere so zurecht, dass alle Körperteile die gewünschte Länge haben.

2 Beginnt am »Hals« und wickelt Wolle in unterschiedlichen Farben um den Stock, um ihm »Kleidung« zu geben. Die losen Enden befestigt ihr mit etwas Holzleim.

3 Um die Haare zu gestalten, wickelt ihr Wolle mehrmals um zwei Finger und knotet sie dann in der Mitte zusammen. Trennt die entstandenen Schlaufen mit der Schere und klebt die Haare mit etwas Holzleim auf den Kopf.

4 Nun malt ihr, zuerst mit einem weißen, dann mit einem schwarzen Kreidestift, die Augen an.

Schicker Schnitt

Wahrlich nackt stehen die Laubbäume im Wald, nachdem ihnen der Herbstwind das Sommerkleid weggepustet hat. Natürlich hat das, wie alles in der Natur, seinen Sinn und Zweck. Denn würden die vielen Blätter den Schnee und Frost auffangen, wäre die Last zu groß, und die Äste würden abbrechen. Dieses Waldkind müsst ihr jedoch nicht ohne Schopf und Gewand stehen lassen – kleidet und frisiert es mit bunten Blättern aus eurer Sammlung.

Bastelpapier

Herbstblätter

1 Legt die Herbstblätter so auf dem Papier zurecht, dass sie wie Haare und Kleidung aussehen. Ob kurz oder lang, gelockt oder glatt – lasst eurer Fantasie freien Lauf.

2 Tupft etwas Holzleim auf die Stellen, an denen ihr die Haarpracht und Kleidung befestigen möchtet. Klebt die Blätter nun fest und lasst alles gut trocken.

Im Mischwald

Eine gesunde Waldgesellschaft besteht aus unterschiedlichen Baumarten. Wälder, in denen es sowohl Laub- als auch Nadelbäume gibt, bieten den perfekten Lebensraum und Schutz für viele Tier- und Pflanzenarten. Diese Wälder nennt man Mischwälder. In ihnen schützen sich die Bäume gegenseitig vor Gefahren wie Sturm, Hitze, Trockenheit oder dem gierigen Borkenkäfer. Denn jede Baumart hat ihre Stärken und Schwächen, und so können sie, wie in einer großen Familie, einander unterstützen.

Herbstblätter Bastelkarton Wachsstifte Buntstifte

1 Sucht in eurem Blätterschatz nach Blättern, die wie kleine Bäumchen aussehen.

2 Arrangiert euren Wald auf dem Karton auf und befestigt die Blätter mit dem Klebestift.

3 Mit Wachs- und Buntstiften könnt ihr euren Wald nun mit Pilzen, Tieren und Vögeln schmücken.

Blütenblätter

Blütenblätter gibt es, wie ihre Verwandten, die Baumblätter, in einer endlosen Vielfalt an Formen. Betrachtet man sie einzeln, sind sie sich doch recht ähnlich in Form und Beschaffenheit. Wenn ihr nun die Baumblätter im Kreis anordnet, entsteht die Form einer Blume. Sucht je gleich große Blätter aus eurem Fundus an getrockneten Blättern heraus. Aneinandergereiht bilden sie unterschiedlich anmutende Blumen.

Bastelkarton Buntstifte Herbstblätter

1 Malt die kopierte Vorlage mit Buntstiften aus.

2 Legt Blätter und anderes Naturmaterial so zurecht, dass sie wie Blumen aussehen.

3 Tupft etwas Holzleim auf die Stellen, an denen ihr eure Blumen befestigen möchtet, und klebt die Blätter fest. Nun malt ihr noch Stängel und Blätter mit den Buntstiften an.

BEEREN

Manche Bäume und Sträucher verpacken ihre Samen in Fruchtfleisch – es sind die Früchte. Zu ihnen gehören Äpfel, Birnen, Kirschen, Pflaumen und die Beeren. Ihre Strategie ist es, den Samen in leuchtenden Farben und mit köstlichen Düften anzubieten. Sie nutzen also die Wanderlust der Tiere, vor allem der Vögel, um sich weit zu verbreiten. Denn die unverdauten Kerne, die Samen, werden an einem anderen Ort ausgeschieden und können dort zu neuen Bäumen und Sträuchern heranwachsen.

Windspiel

Die Vogelbeere mit ihrem filigranen Laub und prächtigen Blütenständen findet ihr häufig am Waldrand. Besonders beliebt ist der hübsche Baum bei Drosseln und Staren, aber auch bei Eichhörnchen und Schlafmäusen. Denn die leuchtenden Beeren bieten eine nahrhafte Mahlzeit in Herbst und Winter. Schon aus der Ferne könnt ihr den wunderschönen Baum an den orangeroten Beeren erkennen. Sie eignen sich perfekt zum Auffädeln für ein farbenfrohes Windspiel.

Nadel + Faden

Vogelbeeren

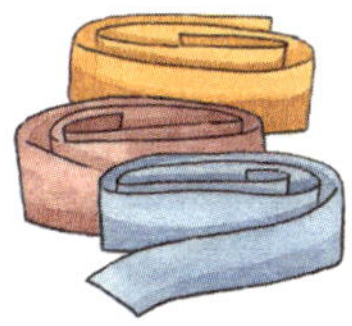

Stoffstreifen, 2 cm breit:
17 Stücke à 120 cm,
4 Stücke à 30 cm

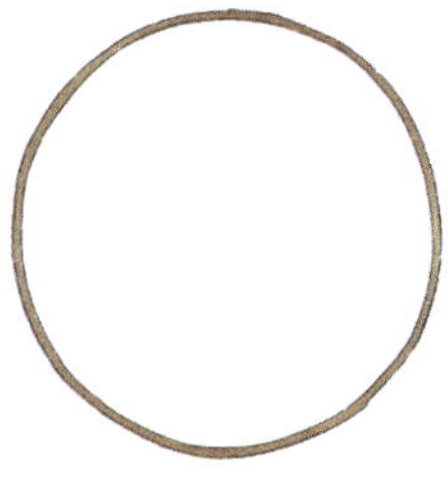

Metallring, 20 cm

Bastelschere

1 Mit Nadel und Faden fädelt ihr acht etwa 60 cm lange Ketten aus Vogelbeeren und lasst ca. 20 cm vom Faden überstehen.

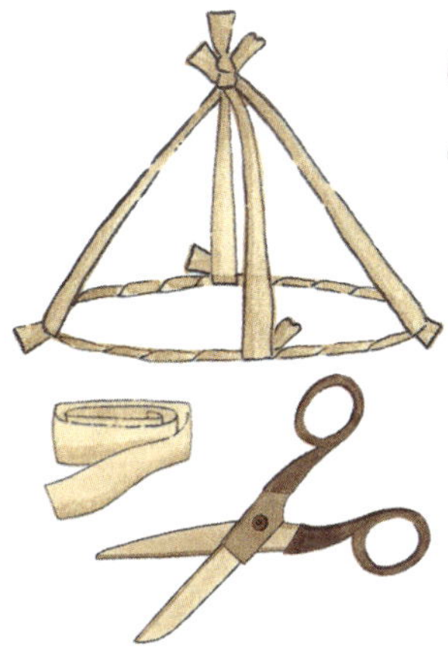

2 Wickelt einen der langen Stoffstreifen um den Metallring und befestigt dann die vier kurzen Stoffstreifen an vier gegenüberliegenden Seiten des Ringes. Knotet sie zusammen und hängt den Ring für den nächsten Schritt auf.

3 Befestigt die 16 zugeschnittenen Stoffstreifen mit einer Schlaufe und die 8 Beerenketten mit einem Knoten an dem Metallring. Nun könnt ihr euer Windspiel in eurem Garten oder auf eurem Balkon aufhängen.

»Ein Männlein steht im Walde…«

»… ganz still und stumm. Es hat von lauter Purpur ein Mäntlein um.« Ihr habt es längst erraten, dass die Lösung dieses Gesangsrätsels die Hagebutte ist. Sie ist die Frucht der Wild- und Heckenrosen, die im Herbst knallrot glänzend oder feurig orange am Strauch hängt. Im Winter freuen sich nicht nur Singvögel, sondern auch der Steinmarder über die süßsaure Frucht. Aufgefädelt auf Blumendraht, könnt ihr euch einen herrlich leuchtenden Kranz formen.

Hagebutten | Holzkugeln | Blumendraht, ca. 25 cm | Drahtzange | kleine Zange

1 Fädelt verschiedene Hagebutten und Holzperlen auf den Blumendraht auf.

2 Formt einen Kreis um euren Kopf herum und dreht die Enden mit der kleinen Zange ineinander, um den Kranz zu schließen.

Der Apfelbaum

Der Apfelbaum hat viele Freunde – im Frühling, wenn er sein rosafarbenes Blütenkleid trägt, besuchen ihn unzählige Bienen und Insekten. Im Herbst, wenn die Äpfel dicht aneinandergedrängt am Baum hängen, bis sich die Äste biegen, kommen weitere Besucher. Vögel, Igel und Feldmäuse schauen gern für eine Mahlzeit bei dem großzügigen Gastgeber vorbei. Könnt ihr den rotbäckigen Früchten widerstehen?

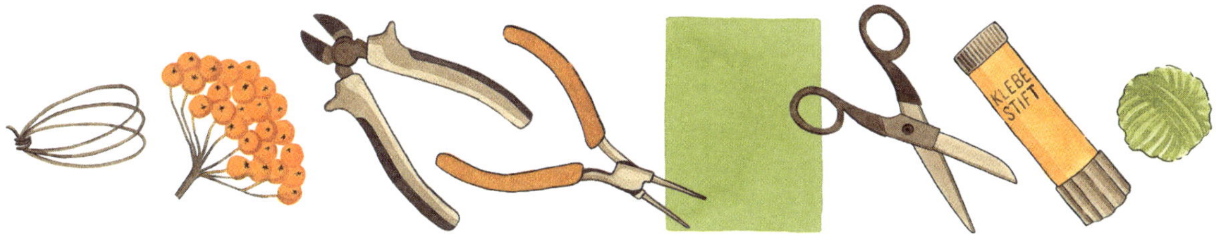

Blumendraht Vogelbeeren Drahtzange kleine Zange Bastelpapier Bastelschere Wollreste, grün

1 Schneidet den Blumendraht in 25 cm lange Stücke zurecht und fädelt Vogelbeeren auf. Dann dreht ihr die Enden des Drahtes mit der kleinen Zange zu einer Schlaufe zusammen.

2 Aus dem Bastelpapier schneidet ihr etwa 3 cm lange Blätter aus, faltet sie leicht in der Hälfte und klebt sie mit dem Klebestift neben die Schlaufe.

3 Fädelt 20 cm Wollfaden durch die Schlaufe und knotet ihn zusammen. Nun könnt ihr eure »Äpfel« aufhängen.

STAR DER LÜFTE

Der gesellige Star ist ein Vogel mit zirkusreifen Talenten. Ohne Mühen ahmt er den Gesang anderer Vögel und sogar Geräusche aus der Menschenwelt nach – Hundebellen, Klingeln und Alarmläuten fließen in seinen Gesang ein. Seine Garderobe wechselt der Star zweimal im Jahr. Das Prachtkleid, das im Frühling zum Vorschein kommt, schillert schwarz mit purpurfarbenem, grünem und blauem Glanz. Das Wintergewand ist etwas zurückhaltender – sein Gefieder ist dann braun bis schwarz und weiß getüpfelt.

Die eigentliche Attraktion der Stare ist allerdings ihre spektakuläre Luftakrobatik. Im frühen Herbst versammeln sich Hunderttausende Stare auf Wiesen an Waldrändern und formen riesige Starenschwärme. Dann fliegen die perfekt aufeinander abgestimmten Vögel in atemberaubenden Schwarmformationen wie eine dunkle, sich windende und drehende Wolke durch die Lüfte. In milden Wintern bleiben viele Stare das ganze Jahr über in einem Gebiet, doch zieht der Großteil von ihnen in die wärmeren Regionen des Mittelmeers. Die Würmer und Insekten, die ihnen im Sommer schmecken, stehen nun nicht mehr auf der Speisekarte. Dafür ist das Herbstbuffet reich gedeckt mit Früchten und Beeren.

Tintentöpfe

Der schwarze Holunder ist eine wahre Wunderpflanze, die von alters her geschätzt wird. So lassen sich aus den meisten Pflanzenteilen wohltuende bis heilende Produkte herstellen. Aus den weißen Blüten wird Sirup gekocht, Tee aus den Blättern und köstliche Marmelade aus den Beeren. Mit einer Handvoll Beeren, etwas Wasser und einem kleinen Kochtopf könnt ihr eine herrliche Farbe zum Malen, Klecksen, Schreiben und Färben herstellen. Auch die Brombeere eignet sich dazu, natürliche Farben herzustellen. Am Ende wartet eine kleine Überraschung auf euch, denn der Farbton ist immer etwas anders – mal ein zartes Blau, beim nächsten Mal ein leuchtendes Violett.

altes Geschirrtuch · Holunder- und Brombeeren · kleiner Kochtopf · Schüssel · Marmeladengläser

Bastelpapier · Bastelschere · Pinsel · Schnur · Stopfnadel

1 In separaten Kochtöpfen lasst ihr die Holunder- und Brombeeren zugedeckt köcheln – gelegentlich rührt ihr sie um. Gebt nach und nach etwas Wasser hinzu und wartet, bis die Beeren komplett zerfallen sind. Der Saft sollte recht dickflüssig sein.

2 Legt ein altes Geschirrtuch über eine Schüssel und füllt dort den komplett ausgekühlten Beerensaft hinein.

3 Legt nun das Geschirrtuch zusammen und drückt den Saft mit euren Händen durch das Tuch, um den Saft von den Beeren zu trennen.

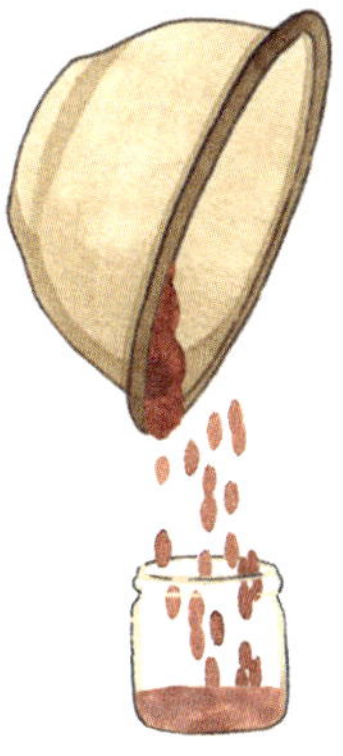

4 Füllt den Saft in Gläser und beschriftet sie mit dem Namen der Beeren und dem Datum. Ihr könnt eure Tinte für mindestens 6 Wochen im Kühlschrank aufbewahren.

Nun könnt ihr die Tinten testen und daraus gleich eine hübsche Papierkette für euer Kinderzimmer basteln. Beim Trocknen entsteht oft ein anderer Farbton, als die Tinte zuerst verspricht, und es ist spannend zu sehen, welche Farbe das Papier am Ende bekommt.

1 Schneidet dazu das Bastelpapier in 5 cm breite und 10 cm lange Streifen.

2 Taucht die Papierstreifen in die Tintentöpfe ein und betupft und bemalt sie mit einem Pinsel.

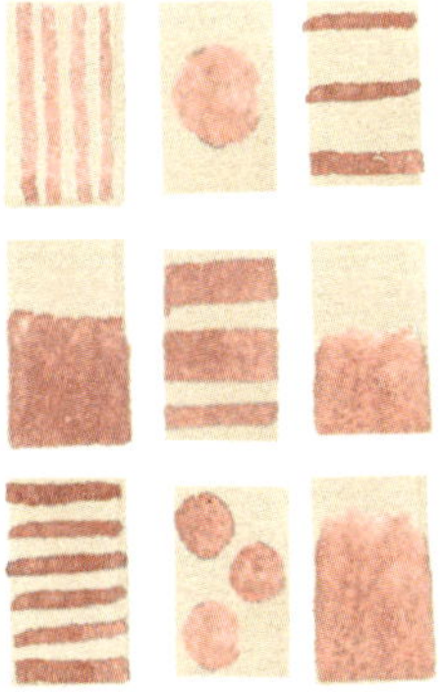

3 Legt die fertigen Streifen zum Trocknen beiseite.

4 Mit Nadel und Faden könnt ihr das Papier nun auffädeln und in eurem Zimmer aufhängen.

Beerenbriefe

Mit einem Tintenfass und einer Schreibfeder haben Schülerinnen und Schüler vor rund hundert Jahren noch ihr Abc geschrieben – das war gar nicht so einfach. Die Feder musste sauber ins Tintenfass getaucht werden, ohne auf das Papier zu tropfen. Je nach Druck auf dem Papier lief mehr oder weniger Tinte aus der Feder. Heute gelingt uns das Schönschreiben mit einem modernen Tintenfüller schon einfacher. Dennoch liegt der Zauber einer Schreibfeder darin, dass ihr euch erst an die Technik gewöhnen müsst. So könnt ihr euch mehr Zeit für schöne Nachrichten an liebe Menschen nehmen.

Schreibfeder — Beerentinte (siehe S. 88) — Aquarellpapier + Umschläge — Pinsel

1 Taucht mit der Schreibfeder in den Tintentopf und streift sie am Rand des Glases ab, damit sie nicht tropft. Nun könnt ihr eure Aquarellpapiere bemalen und beschriften. Taucht die Tintenfeder immer wieder in die Tinte ein, um sie wieder aufzufüllen.

2 Am tollsten werden eure Postkarten, wenn ihr sie auf einer Seite mit einem schönen Bild oder einem witzigen Spruch bemalt und die Nachricht an eure Freunde auf die Rückseite schreibt.

PAPA
WILMA
BYE BYE
BUTTERFLY
LATER ALLIGATOR
Hallo
TÜDELDÜ
FLOWER POWER
BIS BALD IM WALD

Tintenkleckse

Habt ihr schon einmal am Himmel die Wolken beobachtet und plötzlich ein Tier oder einen Gegenstand entdeckt – einen Elefanten, ein Eis am Stiel oder vielleicht doch eine Teekanne?
Unser Gehirn ist Meister darin, in abstrakten Formen Vertrautes wiederzuerkennen. Es verwandelt das, was wir sehen und nicht sofort zuordnen können, in etwas Bekanntes.
Dieses Spiel der Wiedererkennung könnt ihr auch mit kleinen Tintenklecksen spielen.

Aquarellpapier

Pinsel

Beerentinte
(siehe S. 88)

Buntstifte

1 Faltet das Aquarellpapier in der Hälfte und legt es dann offen vor euch hin.

2 Tropft mit dem Pinsel etwas Tinte auf unterschiedliche Stellen auf der rechten Hälfte des Papiers.

3 Faltet die linke Hälfte vorsichtig auf die rechte Hälfte und presst das Papier für ein paar Sekunden flach zusammen.

4 Was könnt ihr entdecken, wenn ihr es wieder öffnet – eine Katze oder einen Tintenfisch? Malt es mit einem Buntstift nach.

* siehe Seite 88

NÜSSE

Nusssamen haben sehr unterschiedliche Strategien, um sich zu verbreiten. Eiche, Buche und Walnuss wählen die riskante Methode, ihre Samen in Form einer Nuss so nahrhaft zu machen, dass die allermeisten gefressen werden. Der Samen geht dabei verloren, doch sind es in der Anzahl so viele, dass einige übrigbleiben und keimen können. Die Nüsse des Ahorns und der Esche haben Flügel und können so vom kräftigen Herbstwind an neue Orte getragen werden. Einige Nusssamen können schwimmen und lassen sich von eiligen Bächen an neue Ufer tragen.

Eichelrehe

Die schöne Eichel mit ihrem Hütchen gefällt nicht nur uns gut, sie ist auch unter den Waldtieren äußerst beliebt. Reh und Hirsch sind auf sie als wichtige Futterquelle im Winter angewiesen. In einem Mastjahr, in dem es reichlich Eicheln gibt, versammeln sich die Tiere unter der Eiche zu einem großen Festschmaus. Die meisten Eicheln landen in den Bäuchen oder werden zertreten. Einige jedoch verbleiben, um im Frühjahr zu keimen und zu jungen Eichen heranzuwachsen.

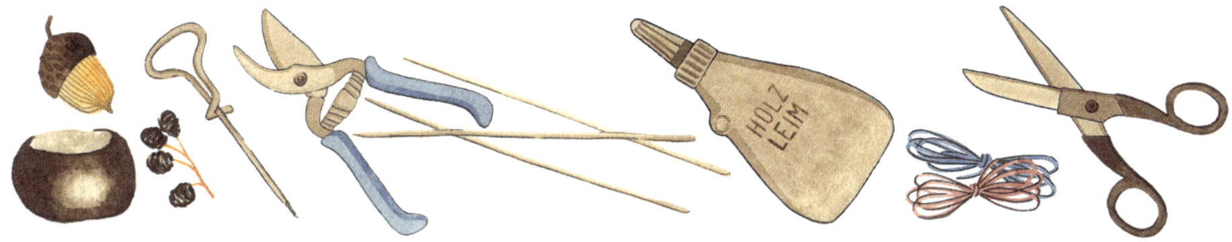

Kastanien + Eichelhütchen + Erlenzapfen · Kastanienbohrer · Gartenschere · Holzspieße · Stickgarn · Bastelschere

1 Sucht eine hübsche Kastanie für den Körper und eine schöne Eichel für den Kopf heraus. Bohrt mit dem Kastanienbohrer vier Löcher an die Unterseite der Kastanie für die Beine, eines am vorderen Rand für den Kopf und eines am hinteren Rand für das Schwänzchen. In die Eichel bohrt ihr ein Loch in der Mitte.

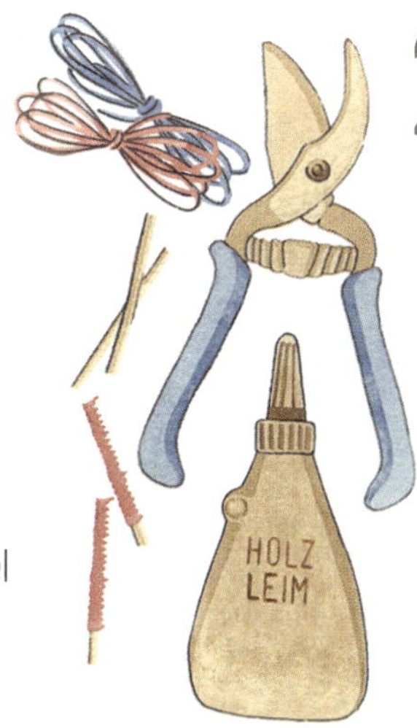

2 Für die Rehbeine schneidet ihr den Holzspieß mit der Gartenschere auf vier 5 cm lange Stücke zu und umwickelt sie mit dem Stickgarn. Die Enden fixiert ihr mit etwas Holzleim.

3 Steckt die Beine in die vorgebohrten Löcher der Kastanie und eine kleine Schlaufe Stickgarn in das hintere Loch.

4 Schneidet ein 3 cm langes Stück Holzspieß zurecht und umwickelt es mit dem Stickgarn. Damit verbindet ihr den Körper mit dem Kopf. Schmückt euer Reh mit Eichelhütchen und Erlenzapfen.

Das Eichhörnchen

In strengen Wintern zieht sich das Eichhörnchen in sein Nest, den Kobel, hoch oben in einer Astgabelung zurück. Dort schlummert es und wacht nur auf, um nach Nahrung zu suchen. Jedoch ist es auf die Nahrungsknappheit im Winter bestens vorbereitet, denn es hat im Herbst fleißig seine Speisekammer gefüllt. Der geschickte Kletterer hat Eicheln, Nüsse und Zapfensamen versteckt. Gern bedient es sich aber auch an Knospen und Insektenlarven, die tief versteckt in der Rinde wohnen. Den herrlich buschigen Schwanz des Eichhörnchens könnt ihr hier mit Flugsamen gestalten.

Bastelkarton

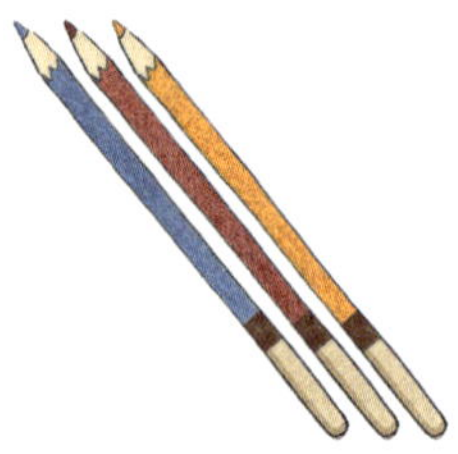

Buntstifte

Flugnüsse

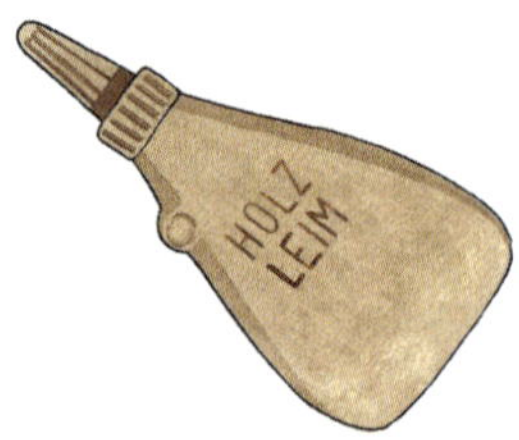

1 Malt die kopierte Vorlage mit Buntstiften aus.

2 Legt Flugsamen zurecht, die den buschigen Schwanz des Eichhörnchens bilden sollen.

3 Tragt Holzleim auf der Stelle des Schwanzes auf und befestigt dort die Flugsamen.

Kastanienraketen

Harte Schale, weicher Kern – wer die stachelige Schale der Rosskastanie auflesen mag, muss sich vor den spitzen Stacheln hüten. Waldtieren wie dem Reh, Hirsch oder Wildschwein machen die Stacheln jedoch nichts aus. Die Rosskastanie ist für sie ein wahres Kraftfutter und wichtige Nahrung im kargen Winter. Die glatten Nüsse können recht groß werden und eignen sich ausgezeichnet für ein Wurfspiel. Mit einem langen Band bestückt, könnt ihr sie wie kleine Raketen durch den Wald sausen lassen.

Kastanien   Kastanienbohrer   Stopfnadel   Schnur, 60 cm   Stoffstreifen, 120 cm × 2 cm   Bastelschere

1 Mit dem Kastanienbohrer bohrt ihr ein Loch durch die Kastanie.

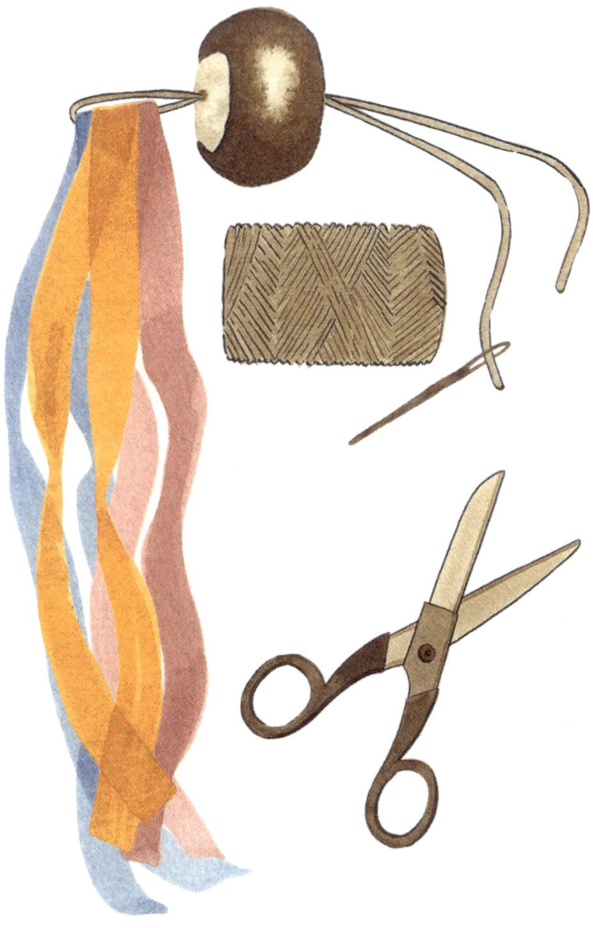

2 Fädelt 60 cm Schnur auf eine Stopfnadel und steckt sie durch das Loch. Stecht auf der gleichen Seite wieder zurück durch das Loch. In die entstandene Schlaufe legt ihr die Stoffstreifen und zieht die Schnur dann fest.

Knotet zum Schluss die Schnur zuerst an der Kastanie und dann am äußeren Ende zusammen.

Platanenraupen

Die Samen der Platane wohnen gut versteckt in igeligen Kugeln, die an langen Stielen von den Zweigen hängen. Im Winter dekorieren sie den blätterlosen Baum wie Weihnachtskugeln. Mit ihnen könnt ihr lustige Spiele spielen, denn sie bleiben, den Kletten ähnlich, aneinander haften. Reiht sie in langen Ketten auf – so viele ihr möchtet – und gestaltet eine kleine Familie von Raupen.

Platanensamen Rundkopfnadeln Naturmaterial

1 Klebt die Platanensamen, der Größe nach, mit dem Holzleim aneinander. Lasst alles gut trocknen.

2 Steckt zwei Rundkopfnadeln als Augen auf den größten Samen.

3 Dekoriert nun eure Raupe mit anderem Naturmaterial aus dem Wald.

DER EICHELBOHRER

Die einzige Spur seiner Anwesenheit, die uns der hübsche Käfer hinterlässt, sind kleine Löcher in den Eicheln, die wir sammeln. Der Eichelbohrer hat die wohl praktischste Wiege für seine Kinder ausgesucht – die Eichel. Das Eichelbohrerweibchen hat im August mit seinem kräftigen Rüssel ein Loch in die noch unreife Eichel gebohrt und ihr Ei in der Tiefe abgelegt. Nach zwei Wochen schlüpft die Eichelbohrerlarve und ernährt sich gemütlich, trocken und sicher versteckt vom Eichelkern.

Wenn die Eichel im Herbst zu Boden fällt, bohrt sich die pummelige Raupe aus der Eichel heraus und gräbt sich in den Waldboden ein, wo sie sich verpuppt. Nun entwickelt sich in den Wintermonaten aus der Raupe ein Käfer. Im Frühling schlüpft der ausgewachsene Eichelbohrer und erklimmt den Stamm der mächtigen Eiche. Dort macht er sich auf die Suche nach einem geeigneten Partner, während in der Zwischenzeit neue Kinderwiegen heranreifen.

Die Hummeln

Die Ahornsamen haben, wie die der Ulme, Esche und Birke, geflügelte Nussfrüchte. Ihre besondere Technik, um sich zu verbreiten, liegt darin, dass sich um die Nuss ein dünner, stabiler Saum bildet, der den Samen sicher zu Boden gleiten lässt. Die hölzernen Flügel weit ausgebreitet, lässt sich der Ahornsamen auf diese Art vom Wind an einen geeigneten Platz zum Keimen tragen – möglichst außerhalb des Schattens großer Bäume. Die Hummel, die ihr hier gestalten könnt, ist jedoch eine noch geschicktere Pilotin.

Bastelpapier Buntstifte Ahornsamen Bastelschere

1 Malt die kopierte Vorlage mit euren Lieblingsstiften aus.

2 Schneidet die Ahornsamen unterhalb der Nussfrucht ab, damit ein kleiner Flügel entsteht.

3 Klebt mit etwas Holzleim je zwei Flügel an den Oberkörper der Hummeln.

Wunschnuss

Die Nüsse der Walnuss, die im Herbst zu Hunderten zu Boden fallen, sind für den langen Fall vom Ast bestens geschützt. Denn die köstliche Frucht ist fest in einer harten Schale eingeschlossen, die wiederum von einer grünen Schale umhüllt ist. Diese springt beim Aufprall auf und gibt die wellige Nuss frei. Nun braucht es einen geschickten Nussknacker, um an die nahrhafte Frucht zu gelangen. Zu ihnen gehören das Wildschwein, der Rabe und das Eichhörnchen. Ihnen gelingt es jeweils durch Kraft, Geschick oder das richtige Werkzeug, die harte Schale aufzubrechen. Gut getarnt als Mandarine, könnt ihr eure Nüsse mit guten Wünschen für eure Freundinnen und Freunde füllen.

1 Setzt den großen Nagel an der oberen Naht der Nuss an und schlagt ihn vorsichtig mit dem Hammer ein, bis sich die Nuss öffnet. Spaltet die Nuss entlang der Naht in ihre zwei Hälften.

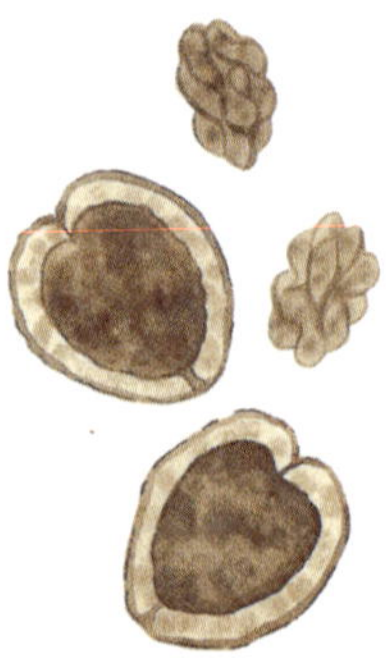

2 Nehmt den Nusssamen heraus – ihr könnt ihn essen, er ist köstlich. Dann entfernt ihr so viel wie möglich vom verholzten Inneren.

3 Auf einen kleinen Papierstreifen schreibt ihr nun den Wunsch, den ihr verschenken möchtet, rollt ihn zusammen und legt ihn ins Innere der Nuss. Klebt die Nuss mit etwas Holzleim zusammen und lasst sie gut trocknen.

4 Bemalt die Nuss mit einem Pinsel in orangener Fingerfarbe. Schneidet zwei Blätter aus grünem Bastelpapier und klebt sie an das obere Ende der »Mandarine«.

you are my Tutti Frutti!

Nussschmuck

Im Gegensatz zu Nadelbäumen, die jeden Herbst ihre Samen auf Reisen schicken, blühen viele Laubbäume nur alle paar Jahre. Die schmackhaften Eicheln und Bucheckern sind für Waldtiere wie Reh und Wildschwein unwiderstehlich. Wenn die Bäume jedes Jahr viele Nussfrüchte produzieren würden, blieben nicht ausreichend Samen zum Keimen zurück. Die Tiere würden sie restlos auffressen. Ein Überfluss an Nahrung würde wiederum bedeuten, dass mehr Tiere über den Winter kommen und es im Frühjahr mehr Tierkinder gibt. Um ihren eignen Baumkindern eine Chance zum Wachsen zu geben, blühen Buchen und Eichen daher nur alle drei bis fünf Jahre. Dann tragen sie Eckern und Eicheln in Hülle und Fülle. Mit ihnen könnt ihr lustigen Schmuck für euch und eure Freunde basteln.

Baumnüsse Rundkopfnadeln Ringschrauben schöne Bänder Bastelschere

1 Sucht euch eine schöne Kastanie oder Eichel und steckt zwei Rundkopfnadeln als Augen in sie hinein.

2 Dann klebt ihr mit Holzleim die Bucheckernase an. Hinzu kommt noch ein Hut, Ohren oder Hörner – ganz wie es euch gefällt.

3 Dreht eine kleine Ringschraube an den oberen Rand. Dort fädelt ihr das Band hindurch und passt die Länge an, bis die Kette gut sitzt.

Nussmonster

Man könnte meinen, dass die kleinen Erlenzapfen von einem Nadelbaum stammen. Zwar bildet sich der Zapfen genau wie bei der Kiefer oder Lärche aus den Blüten, doch ist das ihre einzige Gemeinsamkeit. Der Erlenzapfen ist ein Kind der Schwarzerle, die ein Laubbaum ist.
Sie steht gern in Wassernähe und macht sich das Wasser zunutze. Die winzigen Samen, die im Zapfen sitzen, sind schwimmfähig, denn sie enthalten Öltröpfchen. Fallen sie ins Wasser eines Baches, werden sie von ihm an neue Orte getragen. Die eiförmigen Zapfen eignen sich hervorragend zum Basteln – sehen sie nicht wie feine Fühler, Ohren, Nasen oder Füßchen aus?

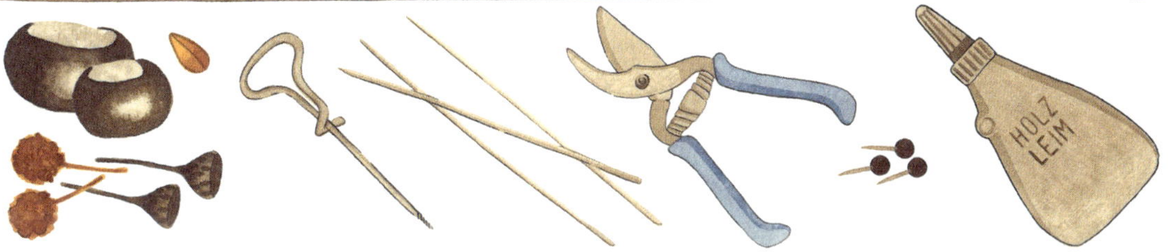

Kastanien + Naturmaterial | Kastanienbohrer | Holzspieße | Gartenschere | Rundkopfnadel

1 Bohrt mit dem Kastanienbohrer je ein Loch in zwei Kastanien und zwei Löcher in eine dritte, die den Körper bilden wird.

2 Schneidet die Holzspieße in 2 cm lange Holzstäbchen zurecht. Steckt die drei Kastanien mit den Holzstäbchen zusammen.

3 Steckt zwei Rundkopfnadeln als Augen in die obere Kastanie hinein.

4 Nun könnt ihr das Nussmonster eurer Fantasie nach mit Flügeln, Gliedern, Hörnern und Geweihen dekorieren.

ZAPFEN

Der Samen des Nadelbaumes wächst in einer hölzernen Blüte heran – dem Zapfen. Zwischen seinen Schuppen wohnen die Samen. An einem warmen und trockenen Herbsttag öffnet sich der reife Zapfen mit leisem Knacken.

Die geflügelten Samen lösen sich dann aus ihm heraus und werden vom Wind verstreut. Bei manchen Nadelbäumen wie der Tanne zerfallen die nun leeren Zapfen bereits am Baum. Bei der Kiefer, Lärche und Fichte fallen sie jedoch im Ganzen auf den Waldboden, wo ihr sie sammeln könnt.

Waldwichtel

Tief verzweigte Wurzelgänge, moosbedeckte Erdhäuser, winzige Baumhöhlen – der Wald ist das grüne Reich der Wichtel. Die gutmütigen Gesellen wachen über den Wald und seine Tiere, die von ihnen im Winter gefüttert und gepflegt werden. Auch dem Menschen sind sie wohlgesonnen, und die geschickten Handwerker haben so manchem müden Hausbewohner eine Reparatur oder eine Handarbeit abgenommen. Ihr könnt eure Wichtelfrauen und Wichtelmänner mit den runden Zapfen der Lärche selbst gestalten.

Holzkugeln, 15 mm
Buntstifte
Eichelhütchen
Lärchenzapfen
Blattstiele
Stoffstreifen
Bastelschere

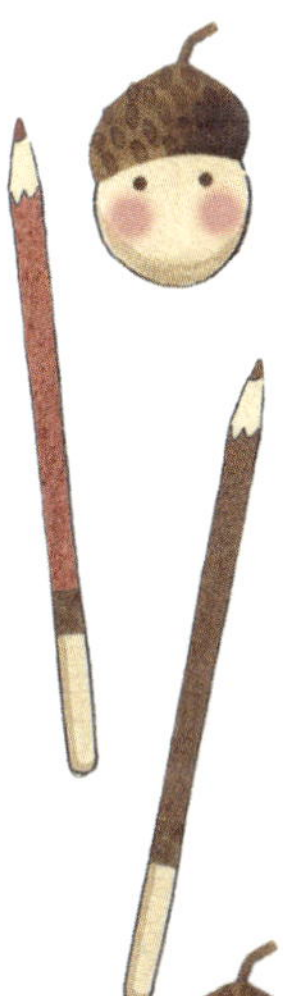

1 Malt mit den Buntstiften zwei Augen und rote Wangen auf die Holzkugel und klebt das Eichelhütchen mit Holzleim auf die Kugel auf.

2 Klebt den Kopf mit etwas Holzleim an das Stielende des Zapfens, presst beides kurz zusammen und lasst es etwas antrocknen.

3 Nun klebt ihr vier Blattstiele als Arme und Beine unter die Schuppen des Zapfens.

4 Zum Schluss knotet ihr noch einen schmalen Streifen Stoff um den Hals des Waldwichtels.

Winterfalter

Die meisten Schmetterlinge überwintern als Puppe oder Raupe gut versteckt in Baumritzen oder unter Zweigen. Der zart anmutende Zitronenfalter ist hingegen ein Überlebenskünstler. Wie steif gefroren und fest verankert im Brombeerbusch, trotzt der Falter Schnee und Eis. Er wartet auf die ersten warmen Sonnenstrahlen im März und ist einer der ersten Schmetterlinge, die den Frühling begrüßen. Bunt getupft oder gut getarnt – ihr gestaltet eure Winterfalter, wie es euch gefällt.

Bastelpapier   Buntstifte   Bastelschere   Fichtenzapfen

1 Malt die kopierte Vorlage aus und schneidet die Falter dann mit der Bastelschere aus.

2 Tragt den Holzleim auf die Mitte des Falters auf, legt den Fichtenzapfen auf und drückt ihn für eine Minute fest. Während der Holzleim trocknet, drückt ihr den Zapfen immer wieder fest.

HÖLZERNE BLÜTEN

Der Wind treibt im Herbst sein Unwesen in den Kronen der Laubbäume und pustet ihnen das bunt und trocken gewordene Laub von den Zweigen. Das ist das Schicksal der Laubbäume. Doch es gibt einen Nadelbaum, der sich auf die gleiche Weise vor dem Winter schützt. Die Lärche gehört zwar zur Familie der Nadelbäume, aber auch sie wirft im Herbst ihre Nadeln ab.

Nach dem ersten Frost verfärben sich die Nadeln des schönen Baumes goldgelb und fallen schließlich ab. Die eiförmigen Zapfen haben ihre Samen längst freigegeben. Nun bleiben sie, in kleinen Gruppen, für einige Jahre am Zweig hängen. Im Winter steht die Lärche nackt

und sperrig erscheinend im Wald. Doch bald bricht der Frühling an, und die ersten warmen Sonnenstrahlen kitzeln der Lärche junge Triebe aus den Ästen. Zuerst sprießen die hellgrünen und weichen Nadeln in Büscheln entlang der Zweige. In leuchtendem Purpurrot wachsen als Nächstes die weiblichen Zapfenblüten heran. Kurz darauf sprießen die gelben männlichen Blüten, die den Pollen enthalten. Nun verteilt der Wind die Pollen auf die weiblichen Blüten und befruchtet sie. In den nächsten Monaten reifen die Blüten zu hellbraunen Zapfen heran. Die Samen, die in ihnen wohnen, brauchen etwas länger, um heranzuwachsen – sie werden erst im nächsten Herbst auf ihre Reise mit dem Wind gehen.

Holzblumen

Kiefernzapfen wurden früher für Wettervorhersagen genutzt. An einem sonnig trockenen Tag sind die Zapfen weit geöffnet. Bei herannahendem Regen beginnen sie sich zu schließen, und wenn der Herbsthimmel seine Wolken entleert, dann schließen sie sich vollständig. So schützen sie die kostbaren Samen, die in ihnen sitzen. Legt einmal einen gesammelten Kiefernzapfen zu Hause auf die Heizung und lauscht mit etwas Geduld – hört ihr, wie er sich knackend öffnet? Wie hölzerne Blüten sehen sie dann aus, und mit etwas handwerklichem Geschick und buntem Papier könnt ihr mit ihnen schöne Blumen gestalten.

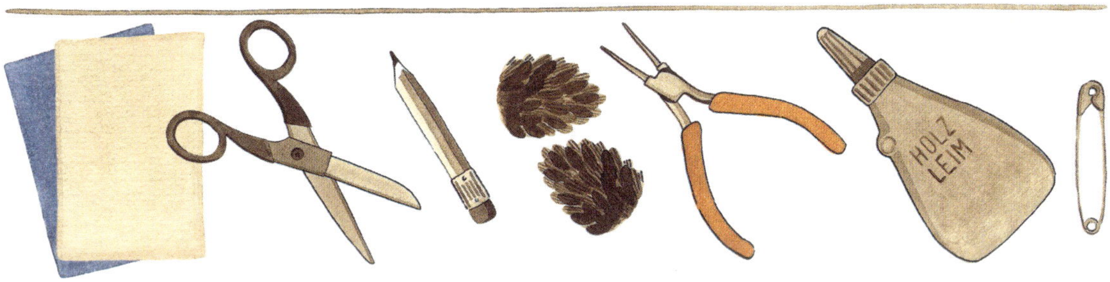

Bastelpapier Bastelschere Bleistift Kiefernzapfen kleine Zange Sicherheitsnadel

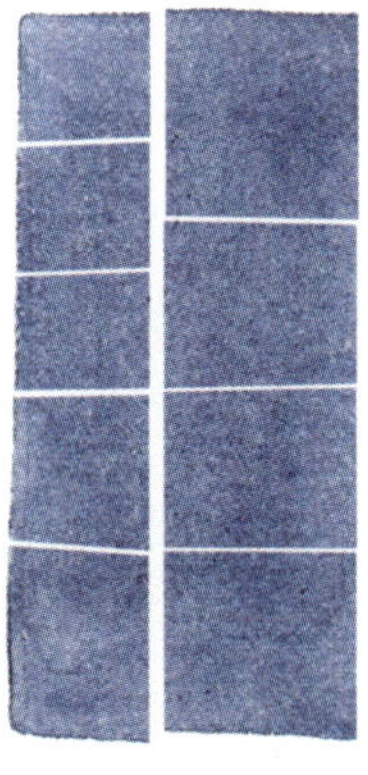

1 Schneidet das Bastelpapier in unterschiedlich breite Streifen. Dann teilt ihr die Streifen nochmals, bis ihr Quadrate in verschiedenen Größen erhaltet. Diese müssen nicht perfekt sein.

2 Faltet ein Quadrat zweimal in der Mitte. Mit dem Bleistift malt ihr ein Herz darauf und schneidet es aus. Das ist eure erste Blüte. Wiederholt den Vorgang, bis ihr für jede Zapfenblume drei Blüten gebastelt habt.

3 Faltet jedes Blütenblatt, also das Herz, einmal nach innen. So wirkt jede Blüte lebendiger.

4 Mit der kleinen Zange entfernt ihr die obere Hälfte des Zapfens und die Mittelachse, bis eine Blütenform entsteht.

5 Nun klebt ihr die Blüten mit Holzleim, beginnend mit der größten, aneinander. Die Zapfenblume klebt ihr auf die dritte Blüte.

6 Zum Schluss befestigt ihr die Sicherheitsnadel mit Holzleim und einer kleinen Papierlasche an der Rückseite der Blume.

Das Waldhaus

Wetten, dass ihr noch nie einen Tannenzapfen gesammelt habt? Obwohl man im Volksmund von Tannenzapfen spricht, meint man doch die Zapfen der Fichte, Kiefer oder Lärche. Denn die Zapfen der Tanne fallen nie als Ganzes vom Baum. Ihre reifen Samen und die schützenden Schuppen lösen sich im Herbst von der Zapfenachse und segeln einzeln zu Boden. Die dreieckigen Zapfenschuppen sehen aus wie kleine Dachziegel. Mit ihnen und anderem Naturmaterial könnt ihr euer Waldhaus dekorieren.

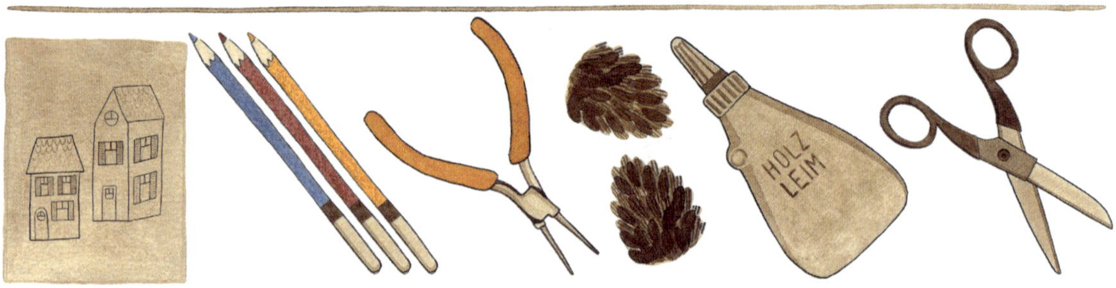

Bastelkarton Buntstifte kleine Zange verschiedene Zapfen Bastelschere

1 Malt die kopierte Vorlage mit euren Lieblingsstiften aus.

2 Trennt mithilfe der Zange die Schuppen von der Zapfenachse. Schneidet die Enden der Schuppen mit der Bastelschere ab.

3 Tupft etwas Holzleim auf das Dach eures Waldhauses und klebt die Zapfenziegel auf. Beginnt am unteren Rand, damit sie, wie bei einem richtigen Dach, überlappen.

ZAPFEN
BUCHECKERN
Die Natur erlebt und beobachtet mit Vorschulkindern
Bastelspaß
Das
große
Buch
der
wilden
Tiere

VORLAGEN

Auf den nächsten Seiten findet ihr die Vorlagen, die ihr zum Basteln mit diesem Buch braucht. Sie sind – bis auf das »Wiesenalphabet« und den »Adventshirsch« – alle maßstabgetreu. Ihr könnt sie kopieren, abpausen oder nachmalen. Die meisten Drucker für den häuslichen Gebrauch können Papier von einer Stärke bis 220 g/m^2 drucken. Trotzdem ist es wichtig, dass ihr vorher nachlest, was mit eurem Drucker möglich ist.

Im Kopierladen könnt ihr euch die Vorlagen einfach kopieren lassen. Dort habt ihr auch die Möglichkeit, auf ein größeres Format wie DIN A3 oder auf ein dickeres Papier zu drucken.

Wählt eine Schere, die hochwertig ist und mit der ihr gut schneiden könnt. Sie sollte euch gut in der Hand liegen, damit ihr sie einfach öffnen und schließen könnt – so gelingt euch das Ausschneiden.

A B C D E

F G H I J K

L M N O P

Q R S T U

V W X Y Z

BLUMEN
SAMEN
NAME
FUNDORT

BLUMEN
SAMEN
NAME
FUNDORT

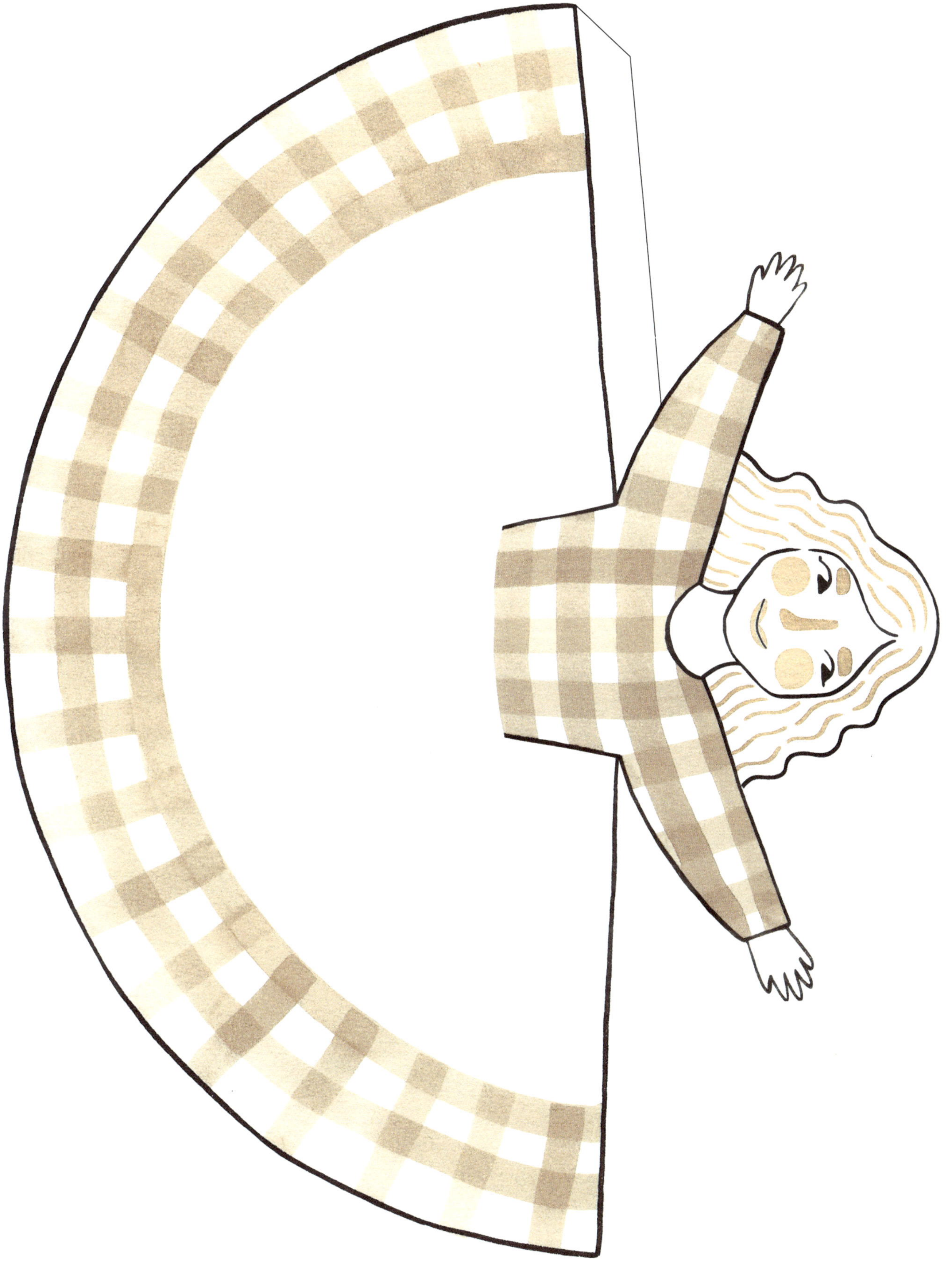

1
2
3
4
5
6
7
8
9
10
11
12
13
14
15
16
17
18
19
20
21
22
23
24

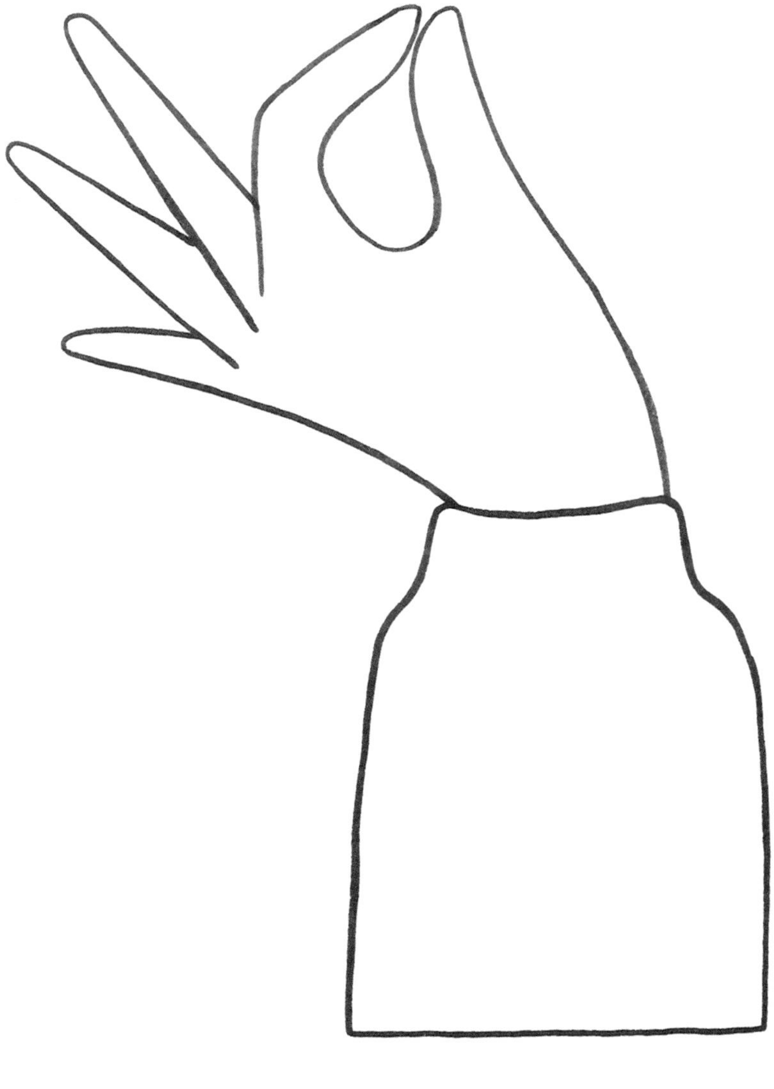

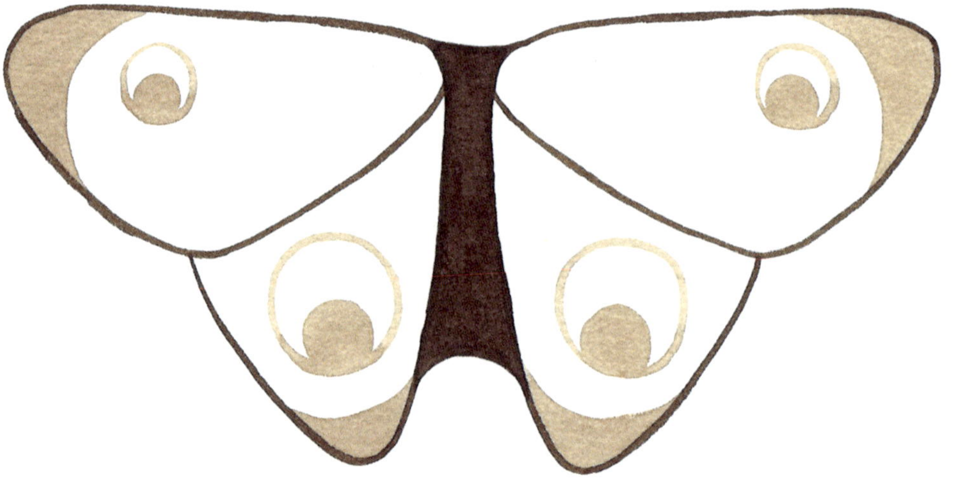

DIE AUTORIN

Karoline Lawson studierte Modedesign in Bath, England, und arbeitete viele Jahre als Modedesignerin in London. Heute lebt sie mit ihrer Familie in Berlin und ist freischaffende Designerin und Illustratorin.

Sie ist Gründerin eines Kreativportals für Bastelvorlagen und der beliebten Instagram-Plattform »Our Wildhood« für Kreationen aus Papier, Naturmaterialien und Illustrationen.

Die Verbindung von Natur und Design ist ihre Leidenschaft und inspiriert ihre Arbeit. Mit liebevollen Illustrationen und simplen Handwerkstechniken verwebt sie gesammelte Naturmaterialien zu einer spontan wirkenden Ästhetik. Es entstehen unkomplizierte und gefühlvolle Designs.

www.karolinelawson.com

DANKE

Meinen beiden Mädchen, die mich mit ihrem vergnügten und neugierigen Spielen in der Natur unendlich inspirieren.

Meinem Mann für die Liebe und Leidenschaft, mit der er mich durch dieses Buchprojekt begleitete.

Yella, Hedda und Malo, die auf Waldspaziergängen und daheim mit viel Freude und Lust – und auch etwas Geduld – Modell gestanden haben.

Ela, die mit ihrem wunderbaren Gespür für Details, Licht und Umgebung die schönsten Augenblicke im Wald eingefangen hat.

Meiner Familie und meinen Freunden, die mich anfeuerten, für mich Naturmaterial sammelten und ihre Geschichten und Erlebnisse aus der Natur mit mir teilten.

Meiner Freundin Sabrina, die mich bei fotografischen Fragen großzügig mit ihrem Wissen beriet.

Meinen Freunden von »Mamelo«, die mir die schönsten Strickjacken für die Kinder zur Verfügung gestellt haben.

Den vielen Kindern, Eltern und Großeltern, die ich mit meinen Ideen inspirieren darf, die stetig mitbasteln und mich so zu neuen Projekten beflügeln.

Dem AT Verlag, der dieses Buch möglich machte und mir die Freiheit gab, es nach meinen Vorstellungen zu gestalten.

28 650

AQUARELLFARBE
UMBRA
umber
terre d'ombre

Illustrationen: Karoline Lawson
Fotos: Karoline Lawson, außer Rückseite Vorsatz, S. 4/5, 37, 38, 46, 48/49, 58, 80, 102, 104/105, 107, 114, 116/117, 128, 131, 154: Manuela Clemens, manuelaclemens.de
Lektorat: Asta Machat, München
Layout: Karoline Lawson
Bildbearbeitung: Christian Spirig, bilderbub.ch
Druck und Bindearbeiten: Graspo CZ, a. s.
Printed in the Czech Republic

ISBN 978-3-03902-218-2

www.at-verlag.ch

Der AT Verlag wird vom Bundesamt für Kultur
für die Jahre 2021–2024 unterstützt.